DELIKATESSEN

EDITORIAL

Liebe Leserinnen und Leser!

Delikatessen in der Kunst – womöglich sind es [illegible] Stillleben des 17. Jahrhunderts, die einem hier in den Sinn kommen, sind sie es doch, die Lebensmittel und Esskultur zum autonomen, bildwürdigen Motiv in der Malerei erhoben. Geschmackvoll arrangiert präsentieren diese Gemälde allerhand Leckereien, zumeist begleitet von einem Getränk in exquisitem Trinkgeschirr. Wem würde da nicht das Wasser im Munde zusammenlaufen?

Doch neben der Esskultur in der Stilllebenmalerei, deren viele Bedeutungsebenen Nam Nguyen in seinem Beitrag anklingen lässt, erwartet die wissenshungrige Leserschaft im vorliegenden Heft viele andere Aspekte des kunstvoll Kulinarischen von der Antike bis in die Gegenwart.

Auf die Herstellung und Verarbeitung von Lebensmitteln gehen Saskia Wetzig und Astrid Nielsen ein. Die Darstellung eines Metzgers auf einem antiken Relief gestattet einen Blick in die Arbeitswelt einer längst vergangenen Epoche, die doch verblüffend vertraut erscheint. Seine intime Atmosphäre verbindet es mit dem Gemälde »Der alte Bienenvater« des Dresdener Künstlers Theodor Rosenhauer von 1958, dessen Protagonist erst vor Kurzem identifiziert werden konnte.

In luxuriöse Gefilde begeben sich zwei Beiträge, die die repräsentativen Bankette des Adels in den Blick nehmen. In der Renaissance entwickelte sich das Tafeln zum regelrechten Event: Unterhaltung und Amüsement war angesagt, wenn etwa aus opulenten Schaugerichten unerwartet Vögel flatterten, wie Kerstin Stöver schildert. Vergleichsweise nüchtern wirkt da das von Josef Matzerath beschriebene Galadiner im Dresdener Residenzschloss am 23. November 1891. Ob die damals aufgefahrenen kulinarischen Highlights tatsächlich genussvoll goutiert werden konnten – daran lassen die strengen Rituale und Vorschriften des Hofzeremoniells dann doch leise Zweifel aufkommen.

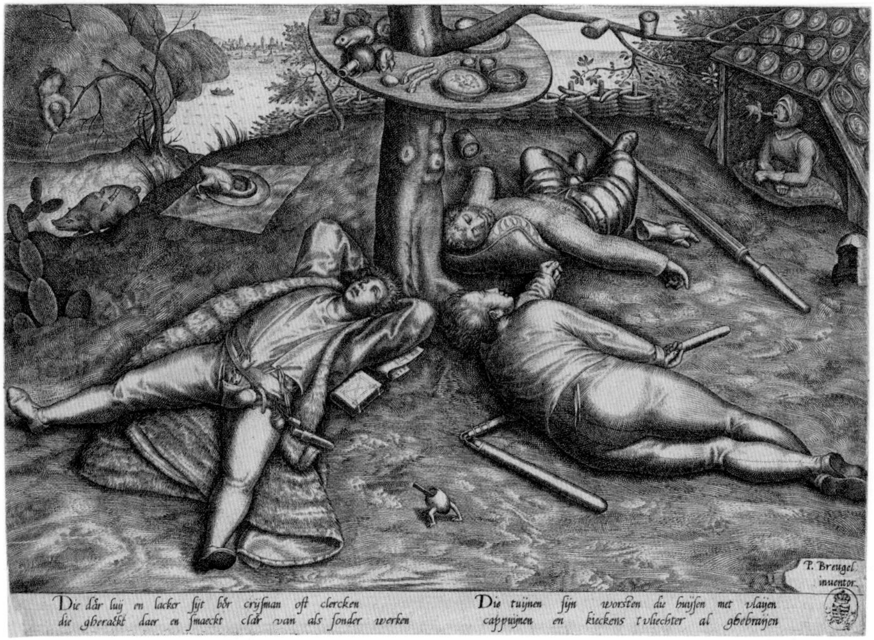

Deutlich weniger appetitlich erscheinen so einige ehemals essbaren Bestände im Dresdener Völkerkundemuseum, wie Sabine Ulbrich ausführt. Der museale Anspruch des Bewahrens stößt schnell an seine Grenzen, wenn es um Nahrungsmittel geht. Sie fallen nicht nur gefräßigen Nagetieren, sondern meist schlichtweg dem Zahn der Zeit zum Opfer.

So manche zeitgenössische Künstler entwickelten ganz neue Ideen: Sie kreieren Kunst zum Verspeisen – auch hier wird das Bewahren zur Herausforderung. Welch ein Glück, so Kerstin Küster, dass ein Exemplar der essbaren Einladungskarten von Gerhard Richter und Blinky Palermo überliefert ist. Denn diese durften 1970 bei der Eröffnung der Ausstellung »Hommage à Dalí« in Hannover von den Gästen verspeist werden – die sich sogleich als Akteure eines Happenings wiederfanden. »Verzehr erforderlich« heißt es auch bei dem von Dorothée Brill vorgestellten Kunstwerk von Félix González-Torres: Tausende Bonbons erwarteten die verblüfften Besucher*innen auf dem Boden im Eckparadesaal des Dresdener Schlosses. Die Kunstwerke des US-amerikanischen Künstlers riskieren ihr gänzliches Verschwinden und verweisen dabei zugleich auf die Vergänglichkeit des menschlichen Seins.

Auch für Getränke und die zugehörigen Gefäße ist im vorliegenden Heft gesorgt. Tief ins Mittelalter begibt sich Katja Paul, die eine sogenannte Greifenklaue vorstellt, ein Trinkgeschirr in Gestalt eines in vergoldetes Silber gefassten Büffelhorns. Wie viele andere derartig aufwendige

Pieter van der Heyden, (zugeschrieben) nach Pieter Bruegel d. Ä.
Das Schlaraffenland · 1567 · Kupferstich und Radierung auf Bütten · 210 × 283 mm (Blatt, Plattenrand beschnitten) · Kupferstich-Kabinett, Inv.-Nr. A 30294

Jörg Scheibe
Into the Void · 2002 · Öl/Nessel, Baumwolle · 130 × 195 cm · Kunstfonds, Inv.-Nr. 76/2007

Exemplare war auch dieses Beispiel aus Tirol weit mehr als ein Gebrauchsgerät, sondern repräsentierte den gesellschaftlichen Stand der Familie, deren Wappen es trägt. Nicht viel anders war es im Barock, als die höhere Gesellschaft die neuen luxuriösen Heißgetränke aus kostbaren Porzellantassen zu sich nahm. Diese elitäre Mode thematisiert das von Roland Enke vorgestellte Schokoladenmädchen von Jean-Étienne Liotard. Mit seiner intimen und zugleich geheimnisvollen Aura avanciert das berühmte Pastell zu einer Ikone der Kunstgeschichte und zirkuliert tausendfach in unterschiedlichsten Medien.

Nachtisch gefällig? Wie wäre es mit den wohl berühmtesten eingelegten Pfirsichen der Kunstgeschichte, schmackhaft ins Bild gesetzt von dem französischen Impressionisten Claude Monet? Andreas Dehmer war seinem Geheimnis des Konservierens auf der Spur und fand wertvolle Verbündete in dem 2022 von der Technischen Universität Dresden und der Sächsischen Landesbibliothek – Staats- und Universitätsbibliothek Dresden gemeinsam begründeten Deutschen Archiv der Kulinarik, dessen Aktivitäten viele weitere Erkenntnisse erwarten lassen.

Wir wünschen eine (appetit-)anregende Lektüre
dieses deliziösen Heftes,
Ihr Redaktionsteam

1495

Kulinarische Kompositionen

Esskultur in holländischen Stillleben der Gemäldegalerie Alte Meister

Nam Nguyen

Redewendungen wie »broodnodig« (brotnotwendig) für etwas Dringendes oder »wittebroodsweken« (Weißbrotwochen) für die Flitterwochen zeigen, welche wichtige Rolle Brot in der Ernährung der holländischen Bevölkerung im 17. Jahrhundert spielte. Vor allem Weißbrot war etwas Besonderes und wurde von der Oberschicht aufgrund seiner feineren Textur und raffinierteren Herstellung bevorzugt. Diese Sonderstellung drückte sich auch in der künstlerischen Wiedergabe in der Stilllebenmalerei aus. In dem Gemälde »Stillleben mit einem Fasan« (Abb. 1) von dem holländischen Maler Pieter de Ring ist ein Laib Weißbrot neben kostbaren Gefäßen, Luxusgegenständen und teuren Lebensmitteln auf einer gedeckten Tafel dargeboten. Solche Bilder waren bewusste Inszenierungen, die einen repräsentativen Anspruch erfüllen mussten.[1] De Rings Stillleben gibt einen differenzierten Einblick in die holländische Esskultur und in die sowohl materielle als auch symbolische Bedeutung von Essen als Mittel der Repräsentation.[2]

Auf einem reich gedeckten Tisch sind die Speisen zu einer pyramidenförmigen Komposition nach hinten in die Höhe gestaffelt. Vorne links setzte der Maler einen rotgesottenen Hummer umgeben von Garnelen und Austern. Neben roten und grünen Weintrauben, einem Zweig mit Kirschen und der halbgeschälten Zitrone ist ein Laib Brot sowie im Vordergrund ein Papierröllchen mit Pfeffer zu erkennen. Daneben spiegelt sich das Licht in kostbarem und präzise beobachtetem Geschirr aus Silber und venezianischem Glas. Höhepunkt dieses inszenierten Mahls ist die mit einem Fasan dekorierte Schaupastete. Davor bildet ein hohes

1
Pieter de Ring
Stillleben mit einem Fasan · 1652 · Öl auf Leinwand · 96,5 × 79 cm · Gemäldegalerie Alte Meister, Gal.-Nr. 1724

Flötenglas die kompositorische Längsachse. Der beschriebene Aufbau verleiht dem Bild trotz der willkürlich anmutenden Anordnung der Objekte eine harmonische Eleganz. Verstärkt wird dieser Eindruck durch die detaillierte Ausarbeitung von Oberflächen und Texturen der fast echt wirkenden Gegenstände.

Der in Leiden arbeitende De Ring ging bei Jan Davidsz. de Heem in die Lehre, dessen Einfluss sich deutlich in der Komposition, Farbe und der Anordnung der Motive äußert. Die Prunkstillleben zeigen üppig angerichtete Tafeln voller Luxus und Pracht. Während zunächst Stillleben mit Zwischenmahlzeiten eher alltägliche, einfache Speisen wiedergaben, etablierten sich in den 1620er Jahren in Haarlem verfeinerte Kompositionen mit erlesenen Delikatessen, wobei Künstler wie Pieter Claesz. und Willem Claesz. Heda eine tonige Farbpalette und reduzierte Bildmotive bevorzugten.[3] Die opulenten Prunkstillleben wie dieses von De Ring gelten als »Spiegel der niederländischen Handelsentwicklung«[4] und Konsumgesellschaft. Die künstlerische und kulturelle Entfaltung im 17. Jahrhundert hing eng mit den gesellschaftlichen und wirtschaftlichen Entwicklungen zusammen, die auch das Essverhalten der holländischen Bevölkerung beeinflussten. Der enorme Reichtum, den die Vereinigten Niederlande durch Gewerbe, Handel und Geldgeschäfte generierten, führte zu einem neuen Selbst- und Weltverständnis, das auch einen wachsenden Kunstmarkt nährte.

Den Stillleben einen eindeutigen Sinngehalt zuzuweisen, erweist sich jedoch immer noch als problematisch.[5] Diese Gemälde enthalten oft versteckte moralische Botschaften und dienten als Objekte der Kontemplation über vergängliche sinnliche Genüsse. Sie ermahnen zur Mäßigung und warnen vor Lastern wie Wollust und Völlerei, indem sie die Flüchtigkeit und Endlichkeit des Lebens betonen. Des Weiteren gelten sie als Glanzstücke der Künstler*innen, die durch die Genauigkeit ihrer Darstellung die Mimesis, also die Nachahmung der Wirklichkeit, perfekt beherrschten. Dies lässt sich in De Rings Gemälde vor allem an der sinnlichen Ausarbeitung der filigranen Glasgefäße und des Silbertellers beobachten sowie an den Weintrauben, die zwischen einer pudermatten und feuchtglänzenden Oberflächengestaltung changieren. Zugleich sind Stillleben die Repräsentation einer gesteigerten Selbstwahrnehmung.

In De Rings Gemälde steht das Papiertütchen mit Pfeffer für diesen gesellschaftlichen, wirtschaftlichen und kulturellen Wandel. Pfeffer galt als Luxusware und bildete einen Grundpfeiler des holländischen Handels.[6] Er wurde durch die Ostindien-Kompanie (Vereenigde Oostindische Compagnie [VOC]) aus Indien und den Inseln des heutigen Indonesiens wie Java und Sumatra nach Europa eingeführt. In der Zubereitung von Speisen ist es seitdem nicht mehr wegzudenken. Im »De Verstandige Kock«, ein 1667 erschienenes Kochbuch der Oberschicht, kommt es in den meisten Gerichten zum Einsatz. Diese Sammlung von Kochanleitungen ist eine der eindrücklichsten Quellen zur Koch- und

DE

VERSTANDIGE KOCK,

Of Sorghvuldige Huyshoudster:

BESCHRYVENDE

Hoe men op de beste en bequaemste manier alderhande Spijsen sal koocken/ stoven/ braden/ backen/ en bereyden; met de Saussen daer toe dienende: Seer dienstigh/ en profijtelijck in alle Huyshoudingen.

Oock om veelderley slagh van TAERTEN en PASTEYEN toe te stellen.

Vermeerdert met de

HOLLANDTSE SLACHT-TYDT.

Hier is noch achter bygevoeght/ de

VERSTANDIGE CONFITUURMAKER;

Onderwijsende/ hoe men van veelderhande Vruchten/ Wortelen/ Bloemen en Bladen/ etc. goede/ en nutte Confituren sal konnen toemaken/ en bewaren.

t'Amsterdam, By GYSBERT de GROOT, Boeckverkooper tusschen de twee Haerlemmer-sluysen in de groote Bybel, Met Privilegie.

2
»De Verstandige Kock«,
Amsterdam 1683
(Erstausgabe 1667) ·
Titelblatt

3
Willem van Aelst
Ein Austernfrühstück · 1679 · Öl auf Leinwand · 56 × 45 cm · Gemäldegalerie Alte Meister, Gal.-Nr. 1331

Esskultur in den Vereinigten Niederlanden und enthält Rezepte für Salate, Fleisch- und Fischgerichte, Pasteten und Soßen.[7] Das Titelblatt (Abb. 2) zeigt eine zeitgenössische Küche und im Vordergrund eine Schaupastete in Form eines Vogels mit echtem Haupt und Federn, die auf festlichen Tafeln als Dekoration diente und auch in De Rings Gemälde zu sehen ist. Mit Pfeffer gab es ein eigenes Rezept für eine Soße, die zu gebratenem Hasen- und Rindfleisch gereicht wurde und aus Roggenbrot, süßem Wein und Gewürznelken bestand.[8] Auch andere Gewürz- und Süßungsmittel wie Zimt, Muskat (sowohl die Nuss als auch die Blüte) oder Zucker waren durch den Kolonialhandel zugänglich. Die Verfügbarkeit basierte zu Teilen auf der oftmals mit Gewalt durchgesetzten wirtschaftlichen Monopolstellung. Da der Muskatnussbaum im 17. Jahrhundert nur auf den Banda-Inseln wuchs, eroberte 1621 die VOC die Gebiete und beging einen Genozid an der indigenen Bevölkerung.[9] Für den Handel mit Zucker aus der Karibik und Brasilien beteiligte sich die Niederländische Westindien-Kompanie (WIC) an der Versklavung und Ausbeutung der in die Kolonien verschleppten Menschen aus Ländern der afrikanischen Westküste. Diese Handelspolitik war eine Grundbedingung für den Reichtum der Republik, der durch die Stillleben repräsentiert werden sollte. Die Waren aus den Kolonien wie Pfeffer, aber auch Tabak und Kakao sind als identitätsstiftende Symbole der Macht, Aneignung und des kulturellen Fortschritts zu lesen.

Als wohl explizites Statussymbol kann auch die halb geschälte Zitrone gedeutet werden, die in Stillleben häufig in Verbindung mit Wein und Speisen erscheint. In der holländischen Küche wurde die Zitrone vielseitig genutzt, so kommt im »De Verstandige Kock« kaum ein Rezept ohne sie aus. Die ölhaltige Schale und den Saft nutzte man zum Verfeinern und Würzen von Wein, Fleisch und Soßen; in dünne Scheiben geschnitten wurde sie in Pasteten eingelegt. Mit Zucker kandiert oder eingekocht wurden die Schale und der Saft zu Süßigkeiten verarbeitet. De Ring arrangiert die Frucht ganz besonders in seinem Bild. Auffällig ist die genau studierte und detaillierte Darstellung der sich windenden Schale, des austretenden Safts, der durch das Fruchtfleisch schimmernden Kerne und der weißen Membranen. Der Maler konnte hier seine künstlerischen Fähigkeiten und seine Meisterschaft in der mimetischen Wiedergabe demonstrieren. Nur die Oberschicht konnte es sich leisten, die aus dem Mittelmeerraum importierte Frucht zu kaufen oder in einem Gewächshaus zu züchten, was die Zitrone ebenfalls zu einem Luxussymbol machte.

Essentielles Würzmittel war sie bei der Zubereitung von Fischen, Meeresfrüchten und Schalentieren. So kochte man Austern und Muscheln in einem Stövchen mit Butter und Muskatblüte und servierte diese nach dem Garen mit frischen Zitronensaft und fein zerstampften Zwieback (»beschuit«).[10] Krebse und Hummer wurden in Salzwasser und Essig zubereitet und mit Pfeffer, Muskat, Butter, Petersilie und ebenfalls Zitrone abgeschmeckt.[11] Fische und Austern galten ursprünglich vor allem als Armen- und Fastenspeise und waren im Gegensatz zu Zitronen in der Küstennation leichter zugänglich. Zu den gewöhnlichen Fischspeisen gehörten gepökelter Hering und in Salz eingelegter Kabeljau, die man auch in Tavernen serviert bekam. Ihre herausragende Stellung in der Kunst verdanken sie dem Umstand, dass das Meer zu einem identitätsstiftenden Symbol der holländischen Republik avancierte, da es die Grundvoraussetzung für die florierende Entwicklung der Wirtschaft darstellte.[12] Der Handel und die Fischindustrie waren die Standbeine dieses Wohlstands. Meeresfrüchte repräsentierten somit einen Nationalstolz der Republik. Die künstlerische Aufwertung dieser Lebensmittel lässt sich unter anderem in dem Gemälde »Ein Austernfrühstück« (Abb. 3) von Willem van Aelst erkennen, der einen geschnittenen Hering, Austern, Zwiebeln und Brot so feinmalerisch und sinnlich ausarbeitete, dass die Oberflächen in all ihrer inszenierten Kostbarkeit glänzen und funkeln.

In der gemeinsamen Wiedergabe von Meerestieren und Zitronen wird jedoch auch eine inhaltliche Ambivalenz deutlich: So sehr sie sich geschmacklich ergänzten, versinnbildlichten sie in ihrer Bedeutung Genuss und Luxus einerseits und Mäßigung und Verzicht andererseits und komplementierten somit die Vanitas vor dem Hintergrund der calvinistischen Moralansprüche. Fische waren Zeichen für Fruchtbarkeit und insbesondere Austern galten als Aphrodisiakum und standen für sinnliche Lust – Eigenschaften, die auch zur Förderung der Potenz in der Medizin geschätzt wurden.[13] Die kostbare Zitrone mit ihrer schneidenden Säure symbolisierte die Genügsamkeit und stand im Gegensatz zu süchtig machenden Objekten der Völlerei. Diese Ambivalenz als Mahnung vor der Vergänglichkeit wurde auch durch die Integration von heimischen Lebensmitteln ausgedrückt wie etwa Haselnüsse als Zwischenmahlzeit zu Fisch und Austern. Dazu kamen noch Zwiebeln, Bier und Brot mit Butter (Abb. 4).[14]

Weißbrot war ein begehrtes Lebensmittel, weil es aufgrund seiner Textur und Farbe als reiner sowie gesünder und leichter verdaulich galt. Zudem erforderte es mehr Aufwand und besserer Mühlen, um aus der Hauptzutat Weizen das feine Mehl herzustellen. Zusammen mit den anspruchsvolleren Anbaubedingungen führte dies zu höheren Preisen als bei anderen Getreidearten, die wie Weizen erst importiert werden mussten. Ab dem Spätmittelalter kamen die Agrarprodukte aus dem Baltikum über die Ostsee in die Niederlande. Der Handel mit diesem kostbaren Gut war auch als Mutter aller Handel (»moedernegotie«) bekannt und begründete noch vor dem Kolonialhandel den Reichtum der späteren Republik.[15] Tatsächlich hatte die Vereinigten Niederlande auch im Getreideimport eine Monopolstellung inne und führten die Erzeugnisse über den Drehpunkt Amsterdam in den Rest Europas ein. Mit Weizen wurden Backwaren aller Art wie münzgroße Pfannkuchen (»poffertjes«) oder in Öl frit-

4
Joseph de Bray
Stillleben mit dem Lobgedicht auf den Pökelhering · 1656 · Öl auf Eichenholz · 57×48,5 cm, Gemäldegalerie Alte Meister, Gal.-Nr. 1407

tierte Teigballen mit Rosinen, Äpfeln und Mandeln (»olie-koecken«) hergestellt, die man besonders zu Festen und Feiertagen aß. Die allseits beliebten Eierkuchen (»pannekoecken«) galten als Hauptspeise oder wurden auf der Straße als Zwischenmahlzeit verkauft, deren Verzehr sich jedoch nur die Mittel- und Oberschicht im alltäglichen Leben leisten konnte.[16] Zu den begehrten Süßspeisen gehörten Honig- und Lebkuchen, Marzipan, kandierte Mandeln und Früchte. Zucker war wie Salz geeignet, um Lebensmittel zu konservieren, und wurde in Pasteten verarbeitet. Im »De Verstandige Kock« wird bei den gefüllten Pasteten zwischen süßen »taert« und herzhaften »pastey« unterschieden, wobei oftmals die beiden Geschmackskomponenten gemischt wurden. So gibt es auch süße Pasteten, die mit Fleisch und Gemüse gefüllt sind. Der Teig wird aus Weizenmehl, Butter, Rosenwasser, Zucker und Eiern hergestellt.[17] Im Fall einer Kirschpastete werden auf den Teig abwechselnd Kirschen mit Zucker gelegt, mit Zimt bestreut und zugedeckt im Ofen gebacken.[18] Dieses Rezept galt vorrangig für weiche Früchte und könnte das Vorbild für die Brom-

5
Willem Claesz. Heda
Ein Frühstück mit einer Brombeerpastete · 1631 · Öl auf Eichenholz · 54 × 82 cm · Gemäldegalerie Alte Meister, Gal.-Nr. 1371

beerpastete in Willem Claesz. Hedas Bild (Abb. 5 und Heftvorderseite) gewesen sein, welches anhand einer erlesenen Tafel die Vergänglichkeit alles Irdischen darstellen soll. Die Teigdecke der Brombeerpastete ist mit Zucker dekoriert und die Füllung mit Mandeln ergänzt.

In manchen Fällen war die Kruste so hart gebacken, dass sie nicht mitgegessen werden konnte und die Füllung herausgeschöpft werden musste.[19] Dies war etwa nötig, wenn die Pastete aufwendig dekoriert wurde. Ein Beispiel dafür ist die opulente Schaupastete in De Rings Stillleben, bekrönt mit dem Kopf, Hals und Flügeln eines Fasanen. Solche Pasteten dienten jedoch nicht dem eigentlichen Genuss, sondern waren ein Augenschmaus – im wahrsten Sinne des Wortes. Als dekorative Glanzstücke schmückten sie jede barocke Tafel und sollten den Reichtum und den Status der Gastgebenden vor Augen führen. Im Stillleben wurde dieser Anspruch künstlerisch potenziert, zugleich galten die Schaupasteten als Symbole anderer Todsünden wie Hochmut und Wollust. Ein Rezept von Antonius Magirus, »Wie man einen Pfau in eine Pastete legen soll«, aus dem Jahr 1612 gibt einen Einblick in die Zubereitung solch einer Schaupastete, für die sich alle ähnlich großen Vögel wie Truthähne, große Fasane, Gänse und Kraniche eigneten: So werde der Pfau trocken gerupft und die Flügel abgeschnitten, das Haupt mit den Federn bleibe aber daran. Von innen bestreue man ihn mit etwas Pfeffer, Nelken, Muskat, Zimt und Salz, Speck und süßem Fenchel. Der Laib sei dann in den Teig zu legen und der Kopf mit Papier zu umwickeln. Man könne das Haupt auch abschneiden und nachdem die Pastete gebacken ist, wieder draufsetzen.[20] Die bevorzugten Vögel für Schaupasteten, neben den bereits im Rezept genannten Tieren auch der Schwan, zeichneten sich allerdings durch zähes Fleisch aus, was auf die rein dekorative Funktion schließen lässt.

Die Speisen, die in De Rings Stillleben zu einem künstlich überhöhten Festmahl arrangiert sind, bestechen durch ihren materiellen und ideellen Wert. Die Kundschaft erwarb Gemälde von Objekten, deren Originale sie sich nicht immer leisten konnten, um ihren gesellschaftlichen Status zu unterstreichen. Ferner konnten sie den Anschein erwecken, dass vergängliche und teure Lebensmittel und Speisen das ganze Jahr über verfügbar seien und gleichzeitig durch den Besitz ihren Wohlstand, ihre Weltläufigkeit und ihre Exklusivität darbieten.[21] Als visuelle Dokumente sind Stillleben Zeugnisse des holländischen Lebens im 17. Jahrhundert, die jedoch vor allem als Repräsentation einer idealisierten Lebensweise verstanden werden müssen. Lebensmittel und Esskultur wurden zu einem autonomen, bildwürdigen Motiv in der Kunst.

1 Vgl. Inke Beckmann, Geflügel, Austern und Zitronen. Lebensmittel in Kunst und Kultur der Niederlande des 17. Jahrhunderts, Darmstadt 2014, S. 74–100; Marsely L. Kehoe, Trade, Globalization, and Dutch Art and Architecture. Interrogating Dutchness and the Golden Age, Amsterdam 2023, S. 85–117. **2** Zur Deutung solcher Darstellungen in der Kunst vgl. Konstanze Krüger, Mahlzeitenstillleben, in: Zeitlose Schönheit. Eine Geschichte des Stilllebens, Ausst.-Kat. Gemäldegalerie Alte Meister, Staatliche Kunstsammlungen Dresden, 2023/24, hg. von Konstanze Krüger, Berlin 2023, S. 72–79, hier S. 72. **3** Vgl. Jan-David Mentzel, Alles Käse? Produkte vom Land, in: Augenlust? Niederländische Stillleben im Detail, Ausst.-Kat. LVR-Landesmuseum Bonn, 2022/23, hg. von Alexandra Käss u. a., Dresden 2022, S. 84–99, hier S. 92. **4** Michael North, Das Goldene Zeitalter global. Die Niederlande im 17. und 18. Jahrhundert, Wien/Köln 2021, S. 56. **5** Zum Forschungsstand vgl. Kehoe 2023, S. 95–97. **6** Vgl. Julie Berger Hochstrasser, Still Life and Trade in the Dutch Golden Age, New Haven 2007, S. 98. **7** De Verstandige Kock, Amsterdam 1683 (Erstausgabe 1667), zit. nach Peter G. Rose (Hg.), The Sensible Cook. Dutch Foodways in the Old and the New World, Syracuse 1989, S. 60. **8** Vgl. ebd. **9** Hochstrasser zeichnet eindrücklich die koloniale Ausbeutung bei der Herstellung der abgebildeten Produkte im Stillleben am Beispiel des Gewürzhandels nach; vgl. Hochstrasser 2007, S. 98–122. **10** Vgl. De Verstandige Kock, zit. nach Rose 1989, S. 71. **11** Vgl. ebd., S. 79. **12** Vgl. Carla Nadermann, Charlotte Colding Smith, Lob des Pökelherings, in: Ausst.-Kat. Bonn 2022, S. 72–83, hier S. 77. **13** Vgl. ebd. **14** Vgl. Beckmann 2014, S. 84f. **15** Vgl. Hochstrasser 2007, S. 61. **16** Vgl. Matters of Taste. Food and Drink in Seventeenth-Century Dutch Art and Life, Ausst.-Kat. Albany Institute of History and Art, Albany 2002, hg. von Donna R. Barnes, Peter G. Rose, Syracuse 2002, Kat.-Nr. 50. **17** Vgl. De Verstandige Kock, zit. nach Rose 1989, S. 79. **18** Vgl. ebd., S. 81. **19** Vgl. Ausst.-Kat. Albany 2002, Kat.-Nr. 30. **20** Magirus, Koocboec oft Familieren Keukenboec, Leuven 1612, zit. nach Beckmann 2014, S. 305f. **21** Vgl. North 2021, S. 58; Beckmann 2014, S. 99f.

Nam Nguyen war wissenschaftlicher Volontär in der Gemäldegalerie Alte Meister und Co-Kurator der Ausstellung »Zeitlose Schönheit. Eine Geschichte des Stilllebens«.

Schwein gehabt

Das Dresdener Metzgerrelief

Zu Beginn des Jahres 2019 geriet der ehemalige Fußballer des FC Bayern München und langjährige französische Nationalspieler Franck Ribéry in einen heftigen Shitstorm, als er sich in einem Restaurant in Dubai ein Steak im Blattgoldmantel für saftige 1200 Euro gönnte und ein Foto davon in den sozialen Netzwerken postete. Die ihm vorgeworfene Dekadenz und Angeberei durch extravagantes Essen ist allerdings kein Phänomen der Neuzeit.

Auch im berühmten »Gastmahl des Trimalchio«, der romanhaften Darstellung eines römischen Gelages, trumpft der freigelassene Sklave und Gastgeber mit opulenten und exzentrischen Speisen für seine Bekannten auf.[1] Besonders delikat ist eine Szene, in der ein ganzes riesiges Schwein auf den Tisch kommt, das angeblich kurz zuvor erst ausgewählt wurde. Das ruft bei Trimalchio Verwunderung hervor und er schreit: »Was? Was? Ist dieses Schwein nicht ausgenommen? Verdammt, es ist wahrhaftig nicht ausgenommen! Los, los, her mit dem Koch!«[2] Der arme Küchenchef soll nun ausgepeitscht werden, aber die Anwesenden bitten darum, ihn zu verschonen. Darauf sagt der Gastgeber: »Na gut, wenn Du so vergesslich bist, dann nimm es vor unser aller Augen aus!«[3] Sodann greift der Koch zum Tranchiermesser und schneidet den Schweinebauch behutsam auf, woraufhin Bratwürste und Blutwürste aus dem Inneren herauskullern. Diese inszenierte Showeinlage ruft zwar großen Beifall hervor, offenbart aber gleichzeitig die ganze unkultivierte Prahlerei des neureichen Aufsteigers.

Während die römische Oberschicht in der fortschreitenden Kaiserzeit sicher tagtäglich Fleisch konsumierte, blieb das für den Großteil der Bevölkerung eher die Ausnahme. Neben Schafen, Ziegen, Rindern oder Hühnern als Fleischlieferanten war das Schwein das einzige Tier, das ausschließlich zum Schlachten gehalten wurde.

Zu den sprechendsten Werken der Dresdener Antikensammlung gehört das Grabrelief eines Schweinemetzgers.[4] Der Meister selbst steht an seinem Hackklotz und zerteilt ein Rippenstück. In der Schüssel vor ihm werden Fleischreste entsorgt. Gegenüber thront seine Frau auf einem hohen Sessel und bilanziert in einem Buch mit Wachstäfelchen die Geschäfte. Während der Mann in bequemer Arbeitskleidung, kurzärmeliger Tunika und Stiefeln sein Handwerk verrichtet, trägt die Frau vornehme Gewänder und eine elegante Turbanfrisur aus geflochtenen Zöpfen, wie sie damals in Mode war. An einem Gestell im Hintergrund hängen noch unzubereitete Fleischteile: Fein säuberlich aufgereiht werden Schweinskopf, Innereien, Sau-Euter, Schweinsknöchelchen, eine Keule und ein Rippenstück in der Auslage präsentiert. Am rechten Bild-

Metzgerrelief
Um 140–150 n. Chr. · Marmor · 38 × 103,5 cm · Skulpturensammlung bis 1800, Inv.-Nr. Hm 418

feldrand sprechen Hackbeil, Waagschale und Schnellwaage für korrektes und professionelles Arbeiten in der Metzgerei. Mit simplen stilistischen Mitteln setzte der Bildhauer alle aussagekräftigen Details gekonnt ins Bild. Die Ausführung im flachen Relief ist schlicht, aber sorgfältig und entstand vor der Mitte des 2. Jahrhunderts n. Chr. Die Einfachheit erzielt eine ganz eigene Wirkung, die dem Bildthema entgegenkommt und den Reiz der Darstellung ausmacht: ein Blick in die Arbeitswelt einer längst vergangenen Epoche. Diese erscheint uns bei allen Unterschieden trotzdem seltsam vertraut, weil hier ein bodenständiger Mann mit Handwerkerstolz seinen Beruf vorführt und damit die Lebensgrundlage beschreibt, die ihm und seiner nicht nur schönen, sondern auch gebildeten und rechtmäßigen Ehefrau ein anständiges Leben ermöglicht hat. Das Relief erzählt von ehrlicher Arbeit, sozialem Erfolg und gesellschaftlicher Teilhabe – eine Botschaft, die der Auftraggeber verewigt und für die Nachwelt in Stein gemeißelt sehen wollte. Römische Grabreliefs mit Berufsangaben waren in den beiden ersten nachchristlichen Jahrhunderten äußerst beliebt, verliehen sie doch dem Repräsentationsbedürfnis der sozialen Aufsteiger angemessen Ausdruck[5] – aber auf eine bescheidenere Art und Weise, als Trimalchios protziges Fress- und Saufgelage. Saskia Wetzig

1 Vgl. Petron, Cena Trimalchionis/Das Gastmahl des Trimalchio, übers. und hg. von Karl-Wilhelm Weeber, Stuttgart 2016. Legendär ist auch die Verfilmung durch Federico Fellini, »Fellinis Satyricon« (1969). **2** Vgl. Petron 2016, 49,4, S. 54 f. **3** Vgl. ebd., 49,8, S. 56 f. **4** Vgl. dazu Kordelia Knoll, Christiane Vorster (Hg.), Katalog der antiken Bildwerke, Bd. 4, München 2018, Kat.-Nr. 34, S. 130–132 (Stephan F. Schröder). **5** Vgl. Gerhard Zimmer, Römische Berufsdarstellungen, Berlin 1982, S. 6–12.

135. sub R.

MENU

LE 23 NOVEMBRE 1891.

Consommé à la Saxonne	*Madère*
Filets de soles au vin blanc	*Schloss Johannisberger*
Roast beef à l'anglaise	
Soufflé de gelinottes	*Chât. Mouton Rothschild*
Cotelettes maréchal à la chicorée	
Homards en buisson, sauce mayonnaise	*Chât. Latour blanche*
Bécasses flanquées de grives, salade, compote	*Moët & Chandon Grand crêmant Impérial*
Cardons à la moelle	
Ananas à la dauphine	
Gelée au vin de Champagne	
Fromage	*Oporto*
Glaces	
Dessert	*Malaga.*

Giesecke & Devrient. M. Honegger inv. gi.

»Zum Decoriren der Tafel Goldgefäße«

Das Hochzeitsessen im Eckparadesaal des Dresdener Residenzschlosses am 23. November 1891

Josef Matzerath

»Um 6 Uhr fand im Eckparadesaal Königliche Ceremonientafel zu 11 Couverts statt.«[1] Das Hoftagebuch vom 23. November 1891 rapportiert nüchtern die Abläufe des Tages, an dem Prinz Friedrich August von Sachsen mit seiner Gemahlin, Luise von Habsburg-Toscana, in Dresden eintraf. Der spätere letzte König Sachsens und die Erzherzogin von Österreich hatten zwei Tage zuvor in Wien geheiratet. Um 12 Uhr waren sie per Sonderzug am Böhmischen Bahnhof der sächsischen Residenzstadt eingetroffen. Vom heutigen Hauptbahnhof fuhren die Neuvermählten in einer sechsspännigen Staatskarosse, die von vier weiteren Kutschen begleitet wurde, weiter über die Prager Straße, den Altmarkt und den Neumarkt zum Schloss.[2] Dresden jubelte der neuen sächsischen Kronprinzessin zu. Luise von Toscana hielt später in ihren Lebenserinnerungen fest, sie habe bei dem »enthusiastischen Empfang der Bevölkerung« kaum fassen können, dass »all dieser Jubel mir galt«.[3] Die Ankunft am Königshof und die Vorstellungen der Minister, Präsidenten der beiden Kammern des sächsischen Landtags, des Corps diplomatiques und der Hofchargen kommentierte die Prinzessin nach ihrer Scheidung rückblickend allerdings negativ. Ihr Fazit zu diesem Zeremoniell lautete: »Fürstliche Personen müssen Spartaner in Selbstbeherrschung und Kunst des Ertragens sein.«[4] Ebenfalls enttäuscht von der Einrichtung ihrer Wohnräume im

1
Menükarte der Zeremonientafel beim Hochzeitsessen am 23. November 1891

Taschenbergpalais, kleidete sie sich um und begab sich erschöpft zum Galadiner in den Eckparadesaal.[5]

Dort fand eine öffentliche Tafel statt, wie sie August der Starke im Jahr 1719 erstmals in Dresden zur Hochzeit seines Sohnes, des späteren August III. von Polen, mit der habsburgischen Prinzessin Maria Josepha veranstaltet hatte.[6] Diese Tradition wurde bis zum Ende der Monarchie für Hochzeiten in der Herrscherfamilie beibehalten.[7] Bei der öffentlichen Tafel im November 1891 nahmen die Mitglieder der Dynastie nach herkömmlichem Usus an der äußeren Seite einer halbkreisförmigen Tafel Platz (Abb. 2).[8] Hinter jedem ihrer Sitze positionierten sich Oberhofchargen, Kammerherren, Adjutanten und hohe Militärs als persönlich zugewiesene Begleiter.[9]

Die Tafel war in der Mitte mit rotseidenem Plüsch belegt. Da die Speisen auf Tellern serviert wurden, die in der Küche angerichtet worden waren, standen keine Schüsseln auf der Tafel, wie das beim Service à la française bis in die Mitte des 19. Jahrhunderts an europäischen Höfen üblich war.[10] Den freien Raum nahm nun ein Tuch ein, um das eine Blumengirlande gelegt war. Auf diese Unterlage wurden, wie der Hofwirtschaftssekretär August Riedel im Dienstplan für die Hochzeitsfeierlichkeiten erläuterte, zum »Decoriren der Tafel Goldgefäße theils aus dem grünen Gewölbe, theils aus der Silberkammer« gesetzt.[11] Eine Fotografie zeigt Blumen, Pokale, Kettenflaschen und Terrinen, die vor allem als Zierrat dienten (Abb. 3). Kerzenleuchter hingegen schufen für ein Essen, das im Winter um 18 Uhr begann, nicht nur Atmosphäre, sondern erfüllten auch die Funktion, Licht zu spenden.

2
Planzeichnung der Zeremonientafel beim Hochzeitsessen am 23. November 1891

3
Fotografie der eingedeckten Zeremonientafel im Eckparadesaal am 23. November 1891

Nachdem die Herrscherfamilie Platz genommen hatte, begann auf der Seite der Tafel, die nicht mit Speisenden besetzt war, der Kammerherr Georg Wolf von Arnim, Besitzer des Rittergutes Peres (südlich von Leipzig), die Speisen zu portionieren. Er hob die Wärmeglocke von einer Terrine und schöpfte Suppe, eine Consommé à la Saxonne, auf Teller des Services mit polnischem Wappen (Abb. 4).[12] Dieses Porzellan verwies darauf, dass die Dresdener Wettiner von 1697 bis 1763 zu den am höchsten rangierenden Fürstenhäusern Europas gehört hatten.

Höfisches Servierpersonal, Officianten, trug die Suppe um die Tafel herum und reichte sie an die adligen Kammerherren weiter, die jeweils hinter einem Mitglied der Herrscherfamilie standen. Die Kammerherren setzten die Suppenteller den Tafelnden auf die goldenen Teller vor, die schon vor Beginn des Diners eingedeckt worden waren.[13] Diese zeremonielle Art, eine Speise durch die Mitwirkung mehrerer Personen zu kredenzen, galt als besonders würdevoll.[14] Sobald ein Mitglied des Herrscherhauses die Suppe mit weiß-grünen Klößchen aus Geflügel und Spinat verspeist hatte, nahm sein Kammerherr den abgegessenen Teller und den darunter stehenden Goldteller von der Tafel und setzte einen neuen Goldteller auf. Nach der Suppe wurde ein Madeira als »Suppenwein« von

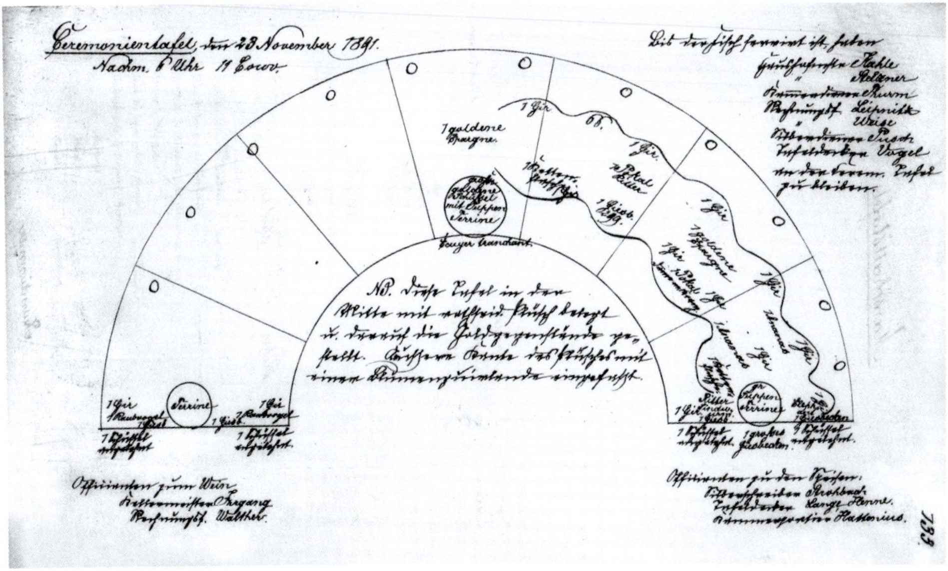
Ceremonientafel, den 23 November 1891.
Nachm. 6 Uhr 17 Couv.
Terrine
Suppen Terrine

Officianten eingeschenkt und von den Kammerherren neben den leeren Goldteller gesetzt.[15]

Das nächste Gericht, den Relevé de poisson, portionierte erneut der »vorschneidende Kammerherr«, Herr von Arnim. Er legte den Fisch auf Teller und ließ ihn auf dem gleichen Weg wie die Suppe servieren. Zu den Filets de soles au vin blanc (Seezunge in Weißwein)[16] reichte man einen Schloss Johannisberg. Von diesem Riesling, der zu den besten Rheinweinen gehört, wurde König Albert durch den Oberschenk Johann Georg Graf von Einsiedel, Besitzer der Standesherrschaft Reibersdorf, ein großer goldener Pokal überreicht. Die übrigen Tafelnden mit Ausnahme des Brautpaares bekamen ein kleineres Goldgefäß, das wie der Pokal des Königs aus dem Grünen Gewölbe[17] bzw. aus der Silberkammer entnommen worden war. Die Tafelnden erhoben sich und der Monarch brachte den Trinkspruch aus: »Auf die Hohen Neuvermählten.«[18]

Bis zu diesem Zeitpunkt standen die Minister, Kammerpräsidenten, Diplomaten und Mitglieder der Hofgesellschaft der Tafel gegenüber und sahen dem Tafelzeremoniell zu. Nun erst, nach seinem Toast auf das Brautpaar, gestattete der Monarch den Zuschauenden und dem adligen Dienst, der hinter den speisenden Fürsten und Fürstinnen stand, sich in den benachbarten Bankettsaal zurückzuziehen, um dort an einer Marschalltafel mit 118 Couverts (Gedecken) ebenfalls ein Mahl einzunehmen. An dieser Tafel wurde auf Tellern des Services mit dem roten Drachen serviert (Abb. 5).[19] Porzellane mit dieser Dekoration produzierte die Meissener Manufaktur ausschließlich für den Dresdener Hof.[20] Dieses Service signalisierte den Speisenden gegenüber daher den höheren und exklusiven gesellschaftlichen Rang des sächsischen Herrscherhauses.

Im Detail die kulinarische Komposition der Speisen zu analysieren, die laut den unterschiedlichen Menükarten (Abb. 1 und 6) an der Zeremonientafel im Eckparadesaal und an der Marschalltafel gereicht wurden, würde den Rahmen der vorliegenden Studie sprengen. Die Speisefolge für das Herrscherhaus entsprach weithin den normativen Vorgaben zu einem umfangreichen Menü und die für die beiden Tafeln im Bankettsaal dem einfachen Menü einer königlichen Familientafel.[21] Es fällt auf, dass keine der beiden Speisefolgen ein Hors-d'œuvre (Vorgericht) vorsieht. Bei dem Menü für die Neuvermählten könnte das der Fall sein, damit die Honoratioren des Hofes nicht zu lange im Eckparadesaal stehen mussten oder zu lange den Speisenden zusahen. An der Marschalltafel, die ohnehin vier Gerichte weniger offerierte als das Mahl im Eckparadesaal, hätte ein zusätzliches Hors-d'œuvre erschwert, dass die Teilnehmenden dem Abschluss der öffentlichen Tafel im Eckparadesaal rechtzeitig wieder beiwohnten.

Die Marschalltafel unterschied sich von der Zeremonientafel auch dadurch, dass drei Speisen ersetzt wurden: Für die Höflinge gab es Rinderfilet auf englische Art statt Roastbeef, Lachs statt Seezunge und Fasan statt Schnepfe mit Krammetsvogel. Die exquisiteren Delikatessen und

4
Schale aus dem Service mit dem polnischen Wappen (»Krönungsservice«)
Meissen, um 1734 · Porzellan, Aufglasurfarben, Gold · Höhe 17,8 cm, Ø 48,1 cm · Porzellansammlung, Inv.-Nr. PE 252

5
Teller aus dem Service mit dem roten Drachen
Meissen, um 1732/33 · Porzellan, Aufglasurfarben, Gold · Höhe 4,6 cm, Ø 26,1 cm · Porzellansammlung, Inv.-Nr. PE 7749

ausgefeilteren Zubereitungsweisen waren somit der Zeremonientafel vorbehalten. Andere Gerichte, wie die Consommé à la Saxonne, die Cotelettes maréchal à la chicorée (Kalbsrippchen nach Marschalls-Art)[22] und die Ananas à la dauphine (Ananas-Törtchen),[23] wurden an beiden Tafeln gereicht. Da die Menükarten Käse, Eis und Dessert ohne weitere Spezifizierung nur als Gang aufführen, lässt sich für diese Bereiche des Mahls nicht ermitteln, ob es Unterschiede gab.

Die Weine waren mit den Speisen harmonisiert, wie dies um 1900 in der exquisiten Küche Europas üblich war.[24] Bei den Getränken reichte man an der Marschalltafel als Rheinwein einen Hochheimer mousseux statt des Johannesberger und als Bordeaux einen Château Léoville statt eines Château Mouton-Rothschild.[25] Da für diese Weine die Jahrgänge nicht überliefert sind, ist eine Qualitätsdifferenz nicht präzisierbar.

Als an der Zeremonientafel das Dessert serviert wurde, hob der Oberhofmarschall Hans Freiherr von Könneritz die Marschalltafel auf, damit die dort Speisenden wieder im Eckparadesaal die Plätze einnehmen konnten, an denen sie zuvor bereits gestanden hatten. Nachdem auch die Herrscherfamilie ihr Dessert genossen hatte, begaben sich die beiden Tafelgesellschaften in einem hierarchisch geordneten Zug in den Ballsaal, um dort stehend den Kaffee zu nehmen. Dem Servicepersonal, das auch am geänderten Versammlungsort bediente, waren Wege zum Ballsaal vorgeschrieben, die die Festgesellschaft nicht behinderten. Gegen 19:45 Uhr endete das Diner.[26]

Eine Viertelstunde später begannen in der ersten Etage des Taschenbergpalais Glückwunsch-Couren (Defilees): zunächst der sächsischen Minister, dann des Corps diplomatique, daraufhin der standesherrlichen Häuser Schönburg und Solms, anschließend der Präsidien der beiden Landtagskammern, sodann der Herren und Damen der ersten und zweiten Hofrangordnung, inklusive der Kammerherren mit ihren Gemahlinnen, sowie abschließend der Offiziere, die zu Prinz Friedrich August in einem besonderen Verhältnis standen. Gegen 22:15 Uhr endeten für die Neuvermählten die öffentlichen Veranstaltungen, die um 7:40 Uhr damit begonnen hatten, dass sie in Prag den Sonderzug bestiegen.[27] Luise von Toskana verkürzte in ihren Lebenserinnerungen den Gedanken an das Diner vom 23. November 1891 auf einen Satz: »Ich war halb tot, als es vorüber war.«[28]

Die exquisite Küche des Dresdener Hofes, die hochentwickelte Tafelkultur des Herrscherhauses und das räumliche Ambiente der (Speise-) Säle im Piano nobile des Dresdener Residenzschlosses waren fraglos sozial distinktiv. Dennoch bleibt letztlich offen, ob diese unterschiedlichen Facetten der kulinarischen Ästhetik von den Teilnehmenden der öffentlichen Tafel angemessen zur Kenntnis genommen und genossen werden konnten. Zeremoniell und Tagesprogramm scheinen zumindest die ankommende Prinzessin nicht zum entspannten kulinarischen Genuss angeregt zu haben.

6
Menükarte der Marschalltafel beim Hochzeitsessen am 23. November 1891

136. sub. C.

MENU

LE 23 NOVEMBRE 1891.

Consommé à la Saxonne	*Xérès*
Darne de saumon, raifort à la crême	*Hochheimer mousseux*
Filet de boeuf à l'anglaise	
Cotelettes maréchal à la chicorée	*Chât. Léoville*
Faisans rôtis, salade, compote	*Moët & Chandon Grand crémant Impérial*
Ananas à la dauphine	
Fromage	*Oporto*
Glaces	
Dessert	*Malaga.*

Giesecke & Devrient. M. Honegger inv.

1 Dresdner Hoftagebücher (Serie B), Eintrag Montag, 23.11.1891, Sächsisches Staatsarchiv, Hauptstaatsarchiv Dresden (SächsStA-D), 10006 Oberhofmarschallamt (OHMA), Nr. O 04, Nr. 297, o. S. **2** Vgl. ebd. **3** Luise von Toscana, Mein Lebensweg, Dresden 1991, S. 67. **4** Ebd., S. 69. **5** Vgl. ebd., S. 70. **6** Zur öffentlichen Tafel im Eckparadesaal des Dresdener Schlosses am 3. 9. 1719 vgl. Andreas Gugler, Bankette in Wien und Dresden 1719. Die Hochzeit Maria Josepha mit dem Kurprinzen Friedrich August von Sachsen, in: Ilsebill Barta-Fliedl, Andreas Gugler, Peter Parenzan (Hg.), Tafeln bei Hofe. Zur Geschichte der Tafelkultur, Hamburg 1998, S. 53–62, hier S. 56. Allgemein zu höfischen Tafeln vgl. Hans Ottomeyer, Michaela Völkel (Hg.), Die öffentliche Tafel. Tafelzeremoniell in Europa 1300–1900, Wolfratshausen 2002. **7** Den Nachweis erbringt die Bachelorarbeit von Anna Borchardt, Kontinuität und Wandel im Tafelzeremoniell zu Vermählungsfeiern am Dresdner Hof zwischen 1719 und 1894, TU Dresden 2017. Zur Hochzeitstafel des letzten sächsischen Königs, Friedrich Augusts III., vgl. auch Alexander Bergk, Fürstliche Tafeltradition als Geltungsbehauptung im Kaiserreich. Zeremonientafeln zu Vermählungsfeiern am Dresdner Hof, in: Josef Matzerath, Annemarie Niering (Hg.), Tafelkultur – Dresden um 1900, Ostfildern 2013, S. 96–102. **8** Zur Tradition dieser Servierweise vgl. Gugler 1998, S. 56. **9** Zum Tafelzeremoniell am 23.11.1891 vgl. Ausführungs-Bestimmungen zu dem Programm für die Einzugsfeierlichkeiten in Dresden vom 21. bis 25. November 1891, S. 9 f., SächsStA-D, 10006 OHMA, Nr. T 06 Extraordinaria bei der Königlichen Hofwirthschaft im Jahre 1891, Nr. 119, Bl. 144–151; Dienstplan aus Anlaß der Hochzeitsfeierlichkeiten Seiner Königlichen Hoheit des Prinzen Friedrich August mit Ihrer Kais[erlichen] Königlichen Hoheit der Erzherzogin Louise von Oesterreich Prinzessin von Toscana in der Zeit vom 21 bis mit 25 November 1891, ebd., Bl. 124. **10** Zum Übergang vom Service à la française zum Service à la russe vgl. Karin Becker, Der Gourmand, der Bourgeois und der Romancier. Die französische Esskultur in Literatur und Gesellschaft des bürgerlichen Zeitalters, Frankfurt a. M. 2000, S. 150–156; Hans Ottomeyer, Service à la française und Service à la russe. Die Entwicklung der Tafel zwischen dem 18. und 19. Jahrhundert, in: ders., Michaela Völkel (Hg.), Die öffentliche Tafel. Tafelzeremoniell in Europa 1300–1900, Wolfratshausen 2002, S. 94–101; Katharina Grundmann, Am bayerischen Hof wird russisch serviert. Zur Tafelkultur im 19. Jahrhundert am Beispiel des KPM-Services für Maximilian II., in: Keramos. Zeitschrift der Gesellschaft der Keramikfreunde e.V. Düsseldorf 33 (1989), Heft 126, S. 39–46. **11** Dienstplan [...] 1891, SächsStA-D, 10006 OHMA, T 06, Nr. 119, Bl. 124. **12** Zum Tafelzeremoniell am 23.11.1891 vgl. Anm. 9. Die Menükarte findet sich ebd., Bl. 135 a. Die Information, welches Porzellan benutzt wurde, findet sich ebd., Bl. 126. **13** Vgl. Anm. 9. **14** Zur Tradition dieser Servierweise vgl. Gugler 1998, S. 56. **15** Vgl. Ausführungs-Bestimmungen [...] 1891, SächsStA-D, 10006 OHMA, T 06, Nr. 119, Bl. 144–151. Zum Madeira als Suppenwein vgl. die Menükarte ebd., Bl. 135 a. Zur Consommé à la Saxonne als Suppe mit Klößchen in sächsischen Landesfarben vgl. Paul Martin Blüher, Paul Petermann, Meisterwerk der Speisen und Getränke in vier Bänden – Französisch – Deutsch – Englisch (und anderen Sprachen), Bd. 1, Leipzig 1893 (2. Aufl.), S. 162. **16** Ein Rezept, wie Seezunge in Weißwein am Dresdener Hof zubereitet wurde, findet sich in: Ernst Max Pötzsch, Vollständige Herrschaftsküche des Kronprinzen von Sachsen, hg. von Josef Matzerath, Ostfildern 2013, S. 118 f. Vgl. zu Pötzsch auch den Buchtipp in diesem Heft. **17** Welcher Pokal gemeint ist, gibt die Überlieferung nicht preis. **18** Vgl. Dienstplan [...] 1891, SächsStA-D, 10006 OHMA, T 06, Nr. 119, Bl. 124; Dresdner Hoftagebücher (Serie B), Eintrag Montag, 23.11.1891, ebd., Nr. O 04, Nr. 297, o. S. Hier ist der Wortlaut des Toasts überliefert. **19** Vgl. Dienstplan [...] 1891, ebd., T 06, Nr. 119, Bl. 126 f. Für Unterstützung sei Julia Weber und Sebastian Bank, Porzellansammlung, Staatliche Kunstsammlungen Dresden, gedankt. **20** Vgl. Ulrich Pietsch, Claudia Banz (Hg.), Triumph der blauen Schwerter. Meißner Porzellan für Adel und Bürgertum 1710–1815, Leipzig 2010, S. 276. **21** Zu den Mustermenüs vgl. Pötzsch 2013, S. 113. **22** Vgl. Blüher/Petermann 1893, S. 605. **23** Als

»Dauphines« bezeichnen die Kochbücher des späten 19. Jahrhunderts ein Törtchen (tartelette) aus blind gebackenem Mürbeteig, das nach dem Erkalten »mit würfelig geschnittenen Früchten« belegt wurde. Um die Stücke bspw. von Ananas miteinander zu verbinden, wurden sie mit bayerischer Creme oder dem Sirup der Früchte begossen; vgl. Blüher/Petermann 1893, S. 1369, Anm. 1, und S. 1347 (»Pâte frolle ou pasta frolla ou pâte sucré. | Mürb(e)teig, Zuckerteig. | Frolle paste«); Franz Pfordte, Kochrezepte, Hamburg 1927, S. 323: »Ananas-Törtchen«. **24** Vgl. Josef Matzerath, Grundsätze und Maximen der Tafelkultur um 1900, in: Matzerath/Niering 2013, S. 20–28, hier S. 26. **25** Vgl. SächsStA-D, 10006 OHMA, T 06, Nr. 119, Bl. 135 f. **26** Vgl. Ausführungs-Bestimmungen [...] 1891, S. 10 f., ebd., Bl. 144–151; Dresdner Hoftagebücher (Serie B), Eintrag Montag, 23. 11. 1891, ebd., Nr. O 04, Nr. 297, o. S. **27** Ebd. **28** Toscana 1991, S. 70.

Josef Matzerath lehrt sächsische Landesgeschichte am Institut für Geschichte der Technischen Universität Dresden und forscht zur kulinarisch-ästhetischen Entwicklung der exquisiten Kochkunst und Tafelkultur.

Eine Greifenklaue als Zeugnis spätmittelalterlicher Trinkkultur in Südtirol

Die Bozner Trinkkultur des 15. Jahrhunderts war stark vom Weinbau geprägt, der in der Region eine lange Tradition hatte und einen wichtigen Wirtschaftszweig darstellte. Wein war weniger ein Genussmittel als vielmehr ein Alltagsgetränk, das oft verunreinigtes Wasser ersetzte. Rituale wie die Verwendung von Trinkhörnern oder Pokalen trugen dazu bei, die Hierarchien und sozialen Strukturen der Gesellschaft abzubilden. In musealen Sammlungen zeugen diese prunkvollen Gefäße noch heute von ihrer wichtigen Stellung innerhalb der spätmittelalterlichen Tischsitten und -bräuche. Dazu zählt auch ein spätmittelalterliches Trinkhorn im Bestand der Rüstkammer, das lange Zeit fälschlicherweise als neogotisches Werk des 19. Jahrhunderts betrachtet wurde.

Die sogenannte Greifenklaue besteht aus einem Büffelhorn in vergoldeter Silberfassung mit figuralen Elementen. Der Begriff »Greifenklaue« leitet sich von dem mittelalterlichen Glauben ab, dass diese Hörner Klauen des sagenhaften Vogels Greif waren. Sie wurden als zeremonielles Trinkgefäß, als Willkommpokal für Gäste, aber auch für andere festliche Gebräuche benutzt. Häufig wurden diese Trinkhörner mit aufwendigem Figurenschmuck verziert. Die Vorderseite dieses Stückes zeigt eine aus Silber gedrückte und teils vergoldete Krämerfigur mit dazugehöriger Rückentrage. Diese Kombination aus Männerfigur und Reff (einer Art Kraxe) lässt sich durch mittelalterliche Darstellungen als Buckelkrämer – einem wandernden Kaufmann, der mit seiner Ware auf dem Rücken von Ortschaft zu Ortschaft zog – benennen.

Für die Identifizierung des Objekts war neben dem Figurenschmuck vor allem das Wappen oberhalb der Trägerfigur ausschlaggebend. Dieses zeigt zwei ausgestreckte fellige Bärentatzen, bekrönt mit einer Helmzier, die ebenfalls zwei Bärentatzen trägt. Nach »Siebmachers Wappenbuch«[1] lässt es sich dem Südtiroler Geschlecht der Vintler zuordnen, die Ende des 14. Jahrhunderts in Bozen ansässig waren. Als Kaufleute und Weinhändler erlangte die Familie zwischen dem 14. und 16. Jahrhundert an Bedeutung – sicher hatte das Prunktrinkgefäß auch im Sinne der Familienprofession große Relevanz. Das Wappenschild mit den beiden aufrechten Bärentatzen ist das früheste bekannte Wappen der Vintler.[2] Ab dem letzten Drittel des 15. Jahrhunderts ist ein viergeteiltes Wappen überliefert, wodurch das Trinkhorn auf die Zeit zwischen 1414 und 1480[3] datiert werden kann. Unterstützt wird diese Einordnung durch Inventare der Bozener Pfarrkirche Maria Himmelfahrt (Dom), worin zwischen 1477 und 1778 »Item ain Greiffenkloe genast in

Silber und übergüldet mit einer chramerlain dar an stet des vintlers wappen […]«[4] aufgelistet ist. Vermutlich stifteten die Vintler das Trinkhorn der Bozener Pfarrkirche. Ab 1629 wird in der Beschreibung der Greifenklaue in den Inventaren zugleich eine Reliquie genannt, sodass anzunehmen ist, dass das Horn als Aufbewahrung einer solchen genutzt wurde.[5] Wo das Objekt nach 1778 verblieb, ist bislang unklar. Denkbar ist, dass es Ende des 18. Jahrhunderts mit der Josephinischen Kirchenreform veräußert wurde.[6]

Greifenklaue mit Krämerfigur
Tirol, zwischen 1414 und 1480 · Büffelhorn, Silber vergoldet · 30,4 × 25,6 × 10 cm, 1762 g · Rüstkammer, Inv.-Nr. P 0338.01-02

Das Trinkhorn gehört zu rund 600 000 Kunstwerken, die in den 1950er Jahren als ehemalige Kriegsbeute aus der Sowjetunion nach Dresden gelangten. Unter diesen zurückgekehrten Objekten befanden sich nicht nur Stücke der Staatlichen Kunstsammlungen Dresden, sondern auch einige Irrläufer wie etwa kunsthandwerkliche Arbeiten, die aus der Ermitage in Leningrad über Berlin in die Rüstkammer (damals Historisches Museum) kamen. Während einige davon dem Dresdener Kunstgewerbemuseum und dem Schloss Friedenstein in Gotha zugeordnet werden konnten, ließ sich die Herkunft anderer Werke bislang nicht rekonstruieren. So kann auch im Fall des Trinkhorns noch nicht geklärt werden, aus welcher Sammlung es in die Sowjetunion kam. Auch wenn die jüngere Geschichte dieses Trinkgefäßes weiterhin im Dunkeln verbleibt, steht es stellvertretend für die Entwicklung des Bozener Adels im Spätmittelalter und für die Trinkkultur des 14. und 15. Jahrhunderts, in der sich derlei Gegenstände besonderer Beliebtheit erfreuten. Katja Paul

1 Vgl. Otto Titan von Hefner, Johann Siebmachers grosses und allgemeines Wappenbuch, Bd. 4.1, Nürnberg 1959, Tafel 21. **2** Die goldene Krone als Helmzier erhielt Hans Vintler am 7. 5. 1414 durch König Sigismund von Luxemburg (1368–1437); vgl. René Wetzel, Die Wandmalereien von Schloß Runkelstein und das Bozner Geschlecht der Vintler. Literatur und Kunst im Lebenskontext einer Tiroler Aufsteigerfamilie des 14./15. Jahrhunderts, Genf 1999, S. 217, online unter https://archive-ouverte.unige.ch//unige:28771 (12. 7. 2024). **3** Um 1480 wurde das Wappen durch Herzog Siegmund von Tirol gemehrt, geviertelt und mit einem zweiten Helm geziert; vgl. Hefner 1959, S. 18. **4** Pfarrkircheninventar Maria Himmelfahrt, 1577, Stadtarchiv Bozen, Nr. 2265, Bl. 1v. An dieser Stelle sei Leo Andergassen für seine Hinweise zu den Bozner Pfarrkircheninventaren gedankt. **5** Vgl. ebd., Nr. 2274, Bl. 1v. **6** Laut Alois Spornberger musste die Bozener Pfarrkirche Ende des 18. Jahrhunderts zahlreiches Inventar, insbesondere Pretiosen und Votivgeschenke, im Zuge der Josephinischen Reform abgeben; vgl. Alois Spornberger, Geschichte der Pfarrkirche von Bozen, Bozen 1894, S. 21.

TAI FOONG
CANNED GOODS CO. LTD
Established 1907
Factory-Su Shau Doo Ferry Road, Shanghai
Manufacturers of all kinds of Canned goods. Fish, Fruits, Vegetables, Beef Poultry, Game etc.
DIRECTION FOR USE

TAI FOONG & Co. Ltd.
MANUFACTURED BY
TAI FOONG & CO. LTD.
SPICED PIGEONS
TAI FOONG CANNED GOODS Co. Ltd.

45143

MANUFACTURED BY
TAI FOONG CANNED GOODS CO. LTD

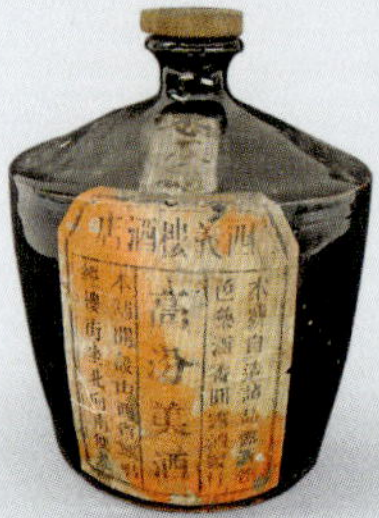

Von Käse, Konfitüren und Konserven im Völkerkundemuseum

Die Lebensmittelbestände der ersten Hygiene-Ausstellung 1911

Sabine Ulbrich

Vom 6. Mai bis zum 31. Oktober 1911 fand in Dresden unter der Federführung des Unternehmers Karl August Lingner die erste Internationale Hygiene-Ausstellung statt. Genutzt wurde der Städtische Ausstellungspalast am heutigen Straßburger Platz, der sich in etwa dort befand, wo heute die Gläserne Manufaktur steht, sowie Teile des Großen Gartens und der Güntzwiesen mit einer Gesamtfläche von 320 000 qm. Mit 5,5 Millionen Gästen[1] gilt sie bis heute als eine der besucherstärksten Ausstellungen in Dresden. Die aus dieser Schau erhaltenen Objekte bildeten ein Jahr später den Grundstock für die Gründung des Hygienemuseums, das heute als das Deutsche Hygiene-Museum Dresden bekannt ist.

1
Fladenbrot aus Taschkent, erworben 1986 (2. Reihe Mitte), sowie verschiedene Objekte aus der Hygiene-Ausstellung 1911 · Museum für Völkerkunde Dresden

Neben der rein informativ-aufklärerischen Natur hatte diese erste Ausstellung auch den Charakter einer Messe nach dem Vorbild der großen Weltausstellungen. So gab es insgesamt elf Länder, die sich in separaten Bereichen – teils mit eigenen Pavillons – präsentierten. Auch wurde eine »Historische Abteilung mit ethnographischer Unterabteilung« eingerichtet. Mit dieser sollte die »Geschichte der Hygiene zur plastischen Darstellung gebracht werden«, unter spezieller Berücksichtigung der »Hygiene der Naturvölker«.[2] Dass es sich hierbei um ein Desiderat handele, da »die moderne Ethnologie [...] diese Aufgabe kaum schon ernstlich in Angriff genommen [hat]«, wurde in der zugehörigen Publikation offen kommuniziert.

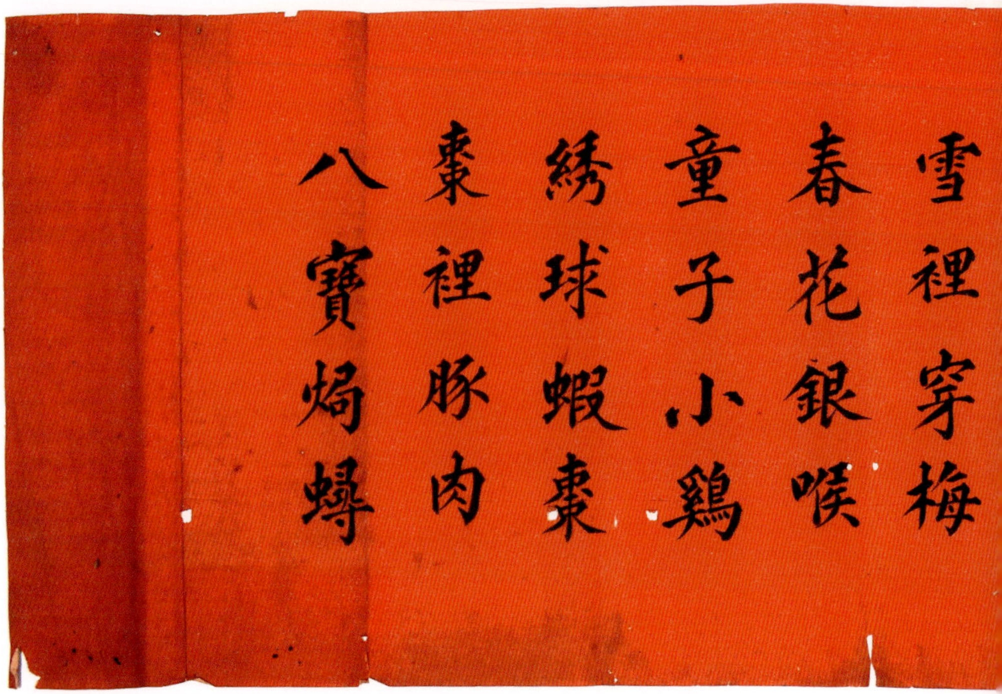

Das bereits 1875 gegründete Königliche Zoologische und Anthropologisch-Ethnographische Museum, ein Museumverbund, aus dem unter anderem das heutige Museum für Völkerkunde Dresden hervorging, unterstützte die Ausstellung mit Leihgaben. Gegenüber den Plänen zur Gründung des Hygienemuseums verhält sich Direktor Arnold Jacobi jedoch kritisch. In einem Brief an die Generaldirektion der Königlichen Sammlungen für Kunst und Wissenschaft bezeichnet er die auf der Schau gezeigte ethnographische Abteilung als »überladen«, »Sensationsmache«, »unwürdig« und »vielfach ein Panoptikum, das nur der oberflächlichsten Schaulust diente, öfter geradezu eine Rumpelkammer«. Zudem äußert er die Sorge, dass »hier ein zweites Museum für Völkerkunde« entstehe und »eine mehr nach dem Auffallenden hin organisierte Sammlung und eine in der Wahl der Anziehungsmittel freidenkende Verwaltung mehr Aussicht hat, die Gunst der Massen zu gewinnen, als ein nach jeder Richtung wissenschaftlichen Forderungen gehorchendes Staatsinstitut«.[3]

Jacobis Bedenken werden vom Ministerium als nicht gerechtfertigt zurückgewiesen, da kein Museum das Monopol auf ein Thema innehabe. Dennoch bittet er darum, dass die Ausrichtung des neuen Museums nicht der historisch-ethnographischen Abteilung entsprechen möge. 1929 kommt es im Vorfeld der Eröffnung des Museumsneubaus und der zweiten Internationalen Hygiene-Ausstellung zu einer Art Sammlungsbereinigung, in dessen Folge das Völkerkundemuseum einen Teil des ethnologischen Be-

2
Speisekarte
Taiwan, 1910/11 · Tusche auf Papier · 28 × 87 cm · Museum für Völkerkunde Dresden, Inv.-Nr. 42636

stands des Hygienemuseums, insgesamt 1728 Objekte, viele davon aus der Hygiene-Ausstellung von 1911, für 1100 Reichsmark ankauft. Von diesen können etwa 400 Gegenstände dem Bereich Lebensmittel, Speisenzubereitung, -aufbewahrung und -verzehr zugeordnet werden (Abb. 1). Darunter befinden sich vor allem Koch- und Essgeschirr, aber auch Etiketten für Lebensmittelkonserven, Speisekartenvordrucke und sogar das Firmenschild eines Teehauses aus China und die Speisekarte eines chinesischen Restaurants in Taiwan (Abb. 2). Circa 60 Objekte von diesen waren Lebensmittel, teils getrocknet, teils verschlossen in Apothekergläsern. Bis heute sind von diesen noch reichlich die Hälfte vorhanden, die übrigen gingen zumeist durch die kriegsbedingten Auslagerungen und Zerstörungen verloren.

Die Herkunft dieser Objekte ist vor allem auf zwei Ausstellungsbereiche der ersten Hygiene-Ausstellung zurückzuführen. Einerseits auf die historisch-ethnographische Abteilung, insbesondere den Themenbereich »Islamitischer [sic] Kulturkreis«, für den »von mit den lokalen Märkten vertrauten Personen« Stücke neu eingekauft wurden. Namentlich genannt werden die »Herren Prof. Dr. Dinkler, Kairo, Dr. Truhelka, Leiter des Bosnisch-Herzegowinischen Landesmuseums zu Sarajevo, Dr. Vidal, Algier, Frau Dr. Lydia Einsler, Jerusalem, und Herr[n] J. W. H. Koch jun., Konstantinopel«.[4] Als zahlenmäßig herausragender Bestand hat sich davon eine Reihe von Gläsern mit Lebensmitteln aus Ägypten im Völkerkundemuseum erhalten, darunter finden sich beispielsweise geröstete

3
Essbares Schwalbennest (Yanwo 燕窩)
China, vor 1911 · 16,5 × 11,2 × 6,2 cm · Museum für Völkerkunde Dresden, Inv.-Nr. 45001

Kürbiskerne (vgl. Abb. 1 unten links), Lupinenmehl, Gewürzsalz, aber auch Konfitüre (vgl. Abb. 1, 2. Reihe rechts) und Honig.

Andererseits wurden Ausstellungsstücke von den an der Schau beteiligten Ländern selbst ausgewählt und eingereicht; viele verblieben im Anschluss vor Ort und gelangten über den Ankauf ins Völkerkundemuseum. Aufgrund seiner Herkunft aus Nordamerika sticht ein Apothekergläschen (Abb. 4) aus der Objektmenge heraus, das Nüsse aus dem Lebensmittelrepertoire der Sioux enthält. Besonders der chinesische Pavillon war beim Publikum sehr beliebt. Anfang des 20. Jahrhunderts war die asiatische Küche in Deutschland noch weitgehend unbekannt und so waren die Reaktionen teils regelrecht euphorisch: »Die Chinesen fertigen Delikatessen aus Dingen, welche in Europa fast unbekannt sind und von denen man nie etwas hörte. Das chinesische Schwalbennest ist sehr berühmt. Haifischflossensuppe und Beck-de-Mer-Boullion sind wohl kaum schlechter als die beste Schildkrötensuppe. [...] Chinesische Küche wird vielleicht nur von der Kunst eines Pariser Küchenchefs erreicht. Durch eine ungeheure Abwechslung wird des armen Mannes Nahrung schmackhafter und dies bei ganz geringem Kostenaufwande. Bei jedem Mahle gibt es eine Auswahl in den notwendigsten Nahrungsmitteln.«[5] Im Völkerkundemuseum erhalten haben sich neben einer Reihe von chinesischen Lebensmitteln, darunter ein Glas mit einem essbaren Schwalbennest (Abb. 3),[6] auch solche aus anderen asiatischen Ländern, unter anderem eine ganz besondere Fischkonserve aus Japan (Abb. 6). Diese ist auf dem Etikett bezeichnet: »Maki Buri dried Yellow Tail packed with Straw [...] by Ushitsu Suisan Kaisha Ltd. at Ushitsu, Noto, Japan«. Dabei handelt es sich um gesalzene und getrocknete Filets der Fischart Buri (Yellowtail), die zur Konservierung in Stroh gewickelt werden. Der Fisch wird zunächst mit Strohhalmen längs des Filetstreifens bedeckt und anschließend mit Stricken aus einer Strohfaser umwickelt. Diese traditionelle Art der Haltbarmachung existiert vereinzelt noch heute.

4
Glas mit Nüssen
USA, vor 1911 · 8,5 × 4 × 4 cm · Museum für Völkerkunde Dresden, Inv.-Nr. 46062

5
Holzstange fürs Brotbacken
Russland, Timantundra, vor 1913 · 76 × 4 × 1,7 cm · Museum für Völkerkunde Dresden, Inv.-Nr. 31837

6
Fischkonserve
Japan, vor 1911 · Fisch, Stroh · 60 × 9 × 9 cm · Museum für Völkerkunde Dresden, Inv.-Nr. 44890

Obwohl es auf den ersten Blick etwas merkwürdig erscheint, dass verderbliche Produkte in einem Museum gesammelt werden, dessen allgemeiner Grundgedanke der einer Bewahrung von Kulturgütern für einen möglichst langen Zeitraum – übertrieben gesprochen »für die Ewigkeit« – sein soll, ist ihre Existenz im Völkerkundemuseum nicht ungewöhnlich. Neben den Zugängen aus dem Hygienemuseum enthält das Inventarverzeichnis noch weitere Einträge zu diesem Thema. Immer wieder wurden Speisen, Getränke oder Lebensmittelrohstoffe der Sammlung geschenkt, für diese angekauft oder von reisenden Mitarbeitern mitgebracht, so zum Beispiel ein usbekisches Fladenbrot (vgl. Abb. 1, 2. Reihe Mitte), das am 23. August 1986 in Taschkent erworben worden war und auch heute noch optisch unverändert im Depot gelagert ist.[7] Insgesamt sind es mindestens 200 Inventarnummern, hinter denen sich (einst) ess- oder trinkbare Waren verbergen. Eine genaue Bestimmung der Anzahl ist schwierig. Unter den großen Objektbereich der Naturalien fallen auch Genuss- und Rauschmittel wie Tabak oder Opium, ebenso wie alle möglichen Arten von Arznei- und Heilmitteln. Teilweise lässt sich im Nachhinein nur schwer ermitteln, wofür genau bestimmte Kräuter oder Mischungen allerlei Art genau genutzt wurden, die Grenzen sind sicherlich fließend.

Auch ist das Glück der »Bewahrung für die Ewigkeit« bei Weitem nicht allem so hold wie dem genannten Fladenbrot. Im Gegenteil: Die fragile Natur dieser Produkte, kombiniert mit der unsteten Geschichte des Museums durch zahlreiche Umzüge, Auslagerungen, teils katastrophale Lagerungsbedingungen und immerhin zwei Weltkriege, verursachten einen Schwund von etwa einem Drittel der betreffenden Objekte. Aber auch an den erhaltenen Exemplaren hat der Zahn der Zeit – manchmal auch etwas anderes – genagt. So ist beispielsweise von einem 1913 erworbenen Stockbrot der Nenzen nur noch der Stock vorhanden (Abb. 5), an dem Teil des Holzes, an dem einst das Brot gewesen sein muss, sind deutliche Fraßspuren zu erkennen. Gleich mehrere Objekte einer Herkunftsregion fielen Ratten zum Opfer. Im Hauptkatalog des Völkerkundemuseums tragen ganze 37 Nummern die Notiz: »Von Ratten aufgefressen.« Noch vorhandene Objekte aus diesem thematischen Bereich lassen vermuten, dass sie alle gemeinsam in Kartons in einem Regal oder Schrank gelagert waren. Die Notiz im Katalog ist leider nicht datiert, ein Handschriftenvergleich lässt auf die Zeit um 1930 schließen. In diesen Zeit-

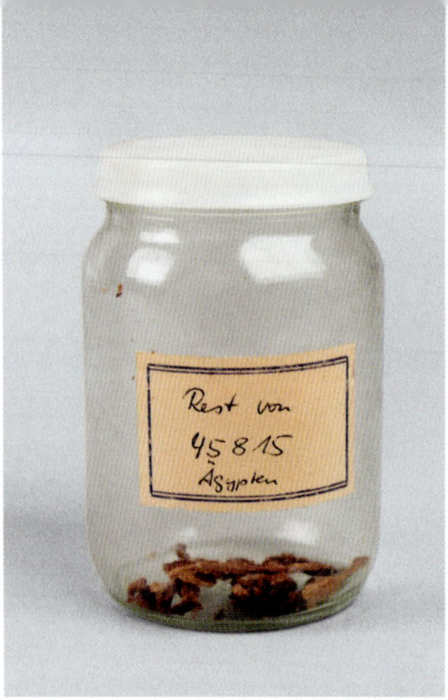

7
Flasche mit Sake
Japan, vor 1882 · Steingut · 26,5 × 9,2 × 9,2 cm · Museum für Völkerkunde Dresden, Inv.-Nr. 21114

8
Käse
Ägypten, vor 1911 · 12,1 × 7,8 × 7,8 cm · Museum für Völkerkunde Dresden, Inv.-Nr. 45815

raum fällt auch die Unterbringung eines Teils der Sammlung in der Orangerie im Herzogin Garten, deren baulicher Zustand von Direktor Arnold Jacobi beim zuständigen Ministerium immer wieder bemängelt wurde. 1929 gab es durch Tauwetter einen Wassereinbruch, immer wieder wurde am Gebäude gebaut, das Dach erneuert oder Glastüren an Schränken angebracht. Vor allem die nicht vorhandene Beheizbarkeit des Gebäudes stellte ein großes Problem dar, aber auch der »mangelhafte Abschluss der eingelagerten Sammlungen gegen den Verkehr Fremder«.[8]

Doch nicht nur die Lagerungsbedingungen verursachten Schwund, offenbar auch die Museumsmitarbeiter selbst. Eine Steingutflasche mit Sake (Abb. 7) war zumindest ursprünglich gefüllt. Auf dem Original-Flaschenetikett findet sich die handschriftliche Notiz: »Ein Schluck November 1910 der Wissenschaft halber ohne üble Folgen gekostet; schmeckt wie alter Kornbrandwein mit süsslichem Beigeschmack. O. N. Vom Heizer Weinhold widerrechtlich ausgetrunken.«[9]

Ein Objekt ging auf spektakuläre Weise verloren und ist doch irgendwie immer noch vorhanden. Zur Sammlung nordafrikanischer Lebensmittel mit Ursprung aus der Hygiene-Ausstellung von 1911 gehört auch »Ägyptischer Käse« (Abb. 8), der in einem Apothekerglas verwahrt wurde. Ein historisches Foto zeigt das Glas, das mit einer hellen Substanz bis zur Unterkante des Flaschenhalses gefüllt war. 1987 befand sich dieses gemeinsam mit den anderen Objekten aus Afrika im zweiten Obergeschoss des Japanischen Palais, im Raum über dem Portikus auf der Südseite, direkt unter der Kuppel. Im August 1987 – mindestens 76 Jahre nach Entstehung – kam es dann zu einem außergewöhnlichen Ereignis: Das Glas explodierte. Bis heute finden sich Reste dieses Käses als Sprühmuster an den anderen Gläsern des Regalfachs; ein kleineres Glas weist sogar ein Loch mit innenliegenden Scherben auf. Ein letzter Rest des explodierten Inhalts wurde in einem neuen Glas gesichert und trägt die Aufschrift »Rest von 45815«. Weshalb der Käse nach so vielen Jahren so heftig reagierte, bleibt ein Rätsel. Möglicherweise waren die starken Temperaturschwankungen im ungedämmten Depot die Ursache für die Explosion des Käseglases, denkbar wäre aber auch eine Reaktion auf mechanische Reize, da der damalige Afrika-Kustos zu dieser Zeit eine Inventur in den benachbarten Schränken durchführte und das Bersten live miterlebte.

Dieses und viele weitere Beispiele verdeutlichen die Schwierigkeit des Bewahrens solcher Objekte. Dennoch wird kaum eine ethnologische Sammlung auf diesen Themenbereich verzichten. Lebensmittel begleiten uns durch den Alltag von Geburt an und sogar über den Tod hinaus in Form von Grabbeigaben oder als Teil von Ritualen zur Ahnenverehrung. Manche sind für jeden verfügbar, andere Luxuswaren oder nur bestimmten Personen vorbehalten. Ernährung, Nahrungszubereitung, -aufbewahrung und -haltbarmachung, ebenso wie der Akt der Nahrungsaufnahme selbst, die zugehörige Ess- und Tischkultur sowie Sonderformen bestimmter Speisen aufgrund einer rituellen Bedeutung, aufwendiger Beschaffung oder Zubereitung oder einfach aufgrund ihrer Seltenheit sind essenzieller Bestandteil einer jeden Kultur. Will man diese studieren, kommt man an dem Thema Nahrung nicht vorbei. Darüber hinaus ist auch die Erforschung von Änderungen in den Ernährungsgewohnheiten von Interesse. Insofern wäre es aus heutiger Sicht äußerst spannend, diese Überreste einer Ernährungskultur von vor über 100 Jahren einer eingehenden Untersuchung zu unterziehen und mit heutigen Lebensmitteln zu vergleichen.

1 Vgl. Klaus Vogel, Das Deutsche Hygiene-Museum Dresden 1911–1990, Dresden 2003, S. 29. **2** Karl Sudhoff, Otto Neustätter, Vorwort, in: Internationale Hygiene-Ausstellung, Dresden 1911. Historische Abteilung mit Ethnographischer Unterabteilung, Ausst.-Kat. Dresden 1911, Dresden 1911 (2. Aufl.), S. IV. **3** Arnold Jacobi an Generaldirektion der Königlichen Sammlungen für Kunst und Wissenschaft, 11. 11. 1911, Sächsisches Staatsarchiv, Hauptstaatsarchiv Dresden (SächsStA-D), 13890 Generaldirektion der Königlichen Sammlungen für Kunst und Wissenschaft, Nr. 369, S. 129–131. **4** Ernst Seidel, Islamitischer Kulturkreis. Einleitung, in: Ausst.-Kat. Dresden 1911, S. 532. **5** Otto Teich, China auf der Internationalen Hygiene-Ausstellung Dresden 1911, in: Sonderausgabe der Zeitschrift Hygiene und Industrie anlässlich der Internationalen Hygiene-Ausstellung 1911, Dresden 1911, S. 7–10, hier S. 8. **6** Das sind Nester von Salanganen (Collocaliini), einer Vogelart aus der Familie der Segler. **7** Usbekisches »non«-Brot, Taschkent, vor 1986, Museum für Völkerkunde Dresden, Inv.-Nr. 64377. **8** SächsStA-D, 11125 Ministerium des Kultus und öffentlichen Unterrichts, Nr. 19309, S. 27 f., Nr. 19311, S. 18 f., 51. **9** Vgl. Heinz Israel, Flaschengeflüster, in: Kleine Beiträge aus dem Staatlichen Museum für Völkerkunde Dresden 16 (1997), S. 94 f.

Sabine Ulbrich ist Mitarbeiterin im »Daphne«-Projekt im Museum für Völkerkunde Dresden, Staatliche Kunstsammlungen Dresden.

Morgens – mittags – abends: Schokolade

Seit 1745 ist das »Schokoladenmädchen« von Jean-Étienne Liotard (1702–1789) das bekannteste Werk in der Dresdener Pastellsammlung.[1] Das um 1744 in Wien gemalte Bild zeigt eine junge Frau im Profil, die einen einfachen Raum durchquert. Das Brusttuch über dem Dekolleté lässt ein kleines Stück Korsage erkennen, die weiße Schürze über ihrem Rock ist frisch entfaltet. Das Gesicht weist auf ein makelloses Äußeres des Dienstmädchens. Ihre blauen Augen haben das Ziel fest im Blick: das Wasserglas und die Tasse mit heißer Schokolade auf dem Tablett zum Frühstück servieren zu können.[2]

Kakao kam bereits im 16. Jahrhundert von Mittelamerika nach Europa. Zusammen mit Tee aus Ostasien und Kaffee aus dem Vorderen Orient bildete er im 17. Jahrhundert eine Gruppe fremdländischer, teurer Importwaren. Ursprünglich als Arznei verabreicht – er sollte als Stärkungsmittel gegen Krankheiten wie Schwindsucht, Abmagerung oder Melancholie helfen –, avancierte Schokolade erst allmählich zum Luxusgetränk und Statussymbol an den Fürstenhöfen Europas. Damit einher ging die Entwicklung neuer Gefäßformen: Es entstanden hohe Henkelbecher mit Einstellkörben für den besseren Stand, in den Kannen verhinderte ein Quirl das Entmischen der Zutaten. Die Porzellanmanufaktur Meissen stellte erstmals in Europa zusammengehörige Schokoladenservice her. Die der Schokolade zudem zugesprochene besondere aphrodisische Wirkung fand in den Darstellungen des lustvollen Rokoko seinen Widerhall.[3]

Die Ausbreitung der Schokolade begleitete eine Vielzahl an Traktaten, die Nutzen, Zubereitung und Wirkung beschrieben. Die geschälten Kakaobohnen wurden geröstet und die entstehende Kakaomasse mit Zimt, Pfeffer, Nelken, Vanille, Mandeln oder Zitronenschalen gewürzt. Diese wurde mit Wasser oder Milch aufgelöst und meist als Heißgetränk zu sich genommen. Der Geschmack dürfte eher bitter gewesen sein, erst der Zusatz von – dem damals noch teuren – Zucker förderte die Verbreitung. Ab dem späten 18. Jahrhundert löste die hiesige Zuckerrübe das karibische Zuckerrohr ab und ließ eine industrielle Schokoladenproduktion entstehen, auch in Dresden.[4]

Das »Schokoladenmädchen« wurde im 19. Jahrhundert zu einem populären Motiv, das oft als Projektionsfläche für romantisierende Erzählungen diente. Unzählige Kopien in Pastell, Öl oder als Miniatur, vor allem aber die zahlreichen grafischen Reproduktionen förderten seine weite, auch internationale Verbreitung. Künstlerinnen und Künstler versuchten einerseits, in den neu aufkommenden grafischen Verfahren die schwer wiederzugebende, pudrige Pastellmalerei abzubilden, anderseits nahmen Druckereien, lithografische Anstalten und Verlage dankbar das berühmte Bild

Emil Leopold Hodermann nach Jean-Étienne Liotard
Das Schokoladenmädchen · vor 1887 · Chromolithografie · 640 × 503 mm · Kupferstich-Kabinett, Inv.-Nr. A 1883-85

auf und erhofften sich mit hohen Auflagen gute Umsätze. So wurde das »Schokoladenmädchen« in sehr verschiedenen und entsprechend sehr unterschiedlich geeigneten Techniken – Radierung, Kupferstich, Farblithografie, Stahlstich und schließlich Fotografie – reproduziert, was zugleich einen Überblick über die Entwicklung der Druckmethoden vom späten 18. bis zum Ende des 19. Jahrhunderts bietet.

Eine farbig gedruckte, große Version des »Schokoladenmädchens« fertigte der Dresdener Lithograf und Drucker Emil Leopold Hodermann (1831–nach 1897). Das Bild ist seitenverkehrt, zudem fehlt das untere Viertel mit dem Fußboden, sodass die zarte Eleganz des Vorbildes, ob das das Mädchen stehenbleibt oder voranschreitet, hier nicht erreicht wird. Für die farbechte Wiedergabe seiner Lithografien erhielt Hodermann auf der Gewerbe- und Industrie-Ausstellung in Dresden 1875 eine lobende Erwähnung.[5] Roland Enke

1 Staatliche Kunstsammlungen Dresden (SKD), Gemäldegalerie Alte Meister (GAM), Gal.-Nr. P 161; vgl. auch ein Detail auf der Umschlagrückseite des Heftes. **2** Vgl. »Das schönste Pastell, das man je gesehen hat.« Das Schokoladenmädchen von Jean-Étienne Liotard, Ausst.-Kat. GAM, SKD 2018, hg. von den SKD, Roland Enke, Stephan Koja, Dresden 2018. **3** Bspw. Martin Engelbrecht, »Der Chocolat« aus der Serie »Die Geschmacksempfindungen«, um 1740, Kupferstich, 293 × 188 mm, Staatliche Museen zu Berlin, Kunstbibliothek: »Hier hast du ein Getränk aus dem so fernen Westen, […] Du kostest es, mein Schatz, drauff werd ichs auch genießen. Ich reiche dirs zugleich mit meinem Herzen dar, weil wir der späten Welt noch Enkel geben müßen.« **4** Vgl. Schokoladenstadt Dresden. Süßigkeiten aus Elbflorenz. Ausst.-Kat. Stadtmuseum Dresden 2013/14, hg. von Erika Eschebach, Holger Starke, Dresden 2013. **5** Vgl. Ausst.-Kat. Dresden 2018, S. 241 f., Kat.-Nr. 86.

Superfood Honig

Theodor Rosenhauers »Der alte Bienenvater«

Astrid Nielsen

Schon im Alten Ägypten besaß Honig einen hohen Stellenwert.[1] Er war ein begehrtes Handelsgut, wurde als Zahlungsmittel verwendet, als »Speise der Götter« und als »lebend gewordene Tränen« des Sonnengottes Ra bezeichnet.[2] Nicht nur den Honig wusste der Mensch zu nutzen, auch das Bienenwachs, welches lange Zeit in Form von Kerzen als Lichtbringer diente. Weitere Produkte der Biene sind das wundersame Propolis, Gelée Royale, das die Ammenbienen produzieren, um eine entstehende Bienenkönigin zu füttern, Bienenpollen und natürlich Bienengift (Apitoxin). Man erkannte früh die Möglichkeiten der Ertragssteigerung, indem Bienenstöcke in Gegenden mit intensiver landwirtschaftlicher Nutzung gebracht wurden, wodurch die heute noch (nicht nur in Ägypten) übliche Wanderimkerei entstand.[3] Im antiken Griechenland betrieb man die Imkerei ebenfalls mit wissenschaftlicher Genauigkeit. In der Mythologie waren Nektar und Ambrosia ursprünglich zwei unterschiedliche Formen derselben Substanz – Honig, der vom Himmel gefallen war, um die Götter zu ernähren.[4] Die Biene, die als das heilige Tier der Göttin Artemis galt, verzierte die Münzen aus Ephesos und schmückte zudem das Wappen der Stadt (Abb. 2). Bienen galten als vorbildlich, ihnen wurden »positive menschliche Eigenschaften wie Fleiß, Tapferkeit, Keuschheit, Eintracht, Reinlichkeit, Verstand und Kunstsinn beigelegt«.[5] So verwundert es auch nicht, dass die jungfräulichen Priesterinnen der Artemis »Honigbienen« genannt wurden. Im alten Rom gehörte Bienenzucht zu jedem bäuerlichen Betrieb und es existierte der Berufszweig des Imkers, wobei die Nachfrage nach Honig stets das Angebot übertraf. Honig gehörte als alleiniges Süßungsmittel das gesamte Altertum hindurch zu den hochwertigen Lebensmitteln – »mel optimum« (Spitzen-Honig) kostete zu Beginn des 4. Jahrhunderts n. Chr. soviel wie bestes Olivenöl.[6] Honig war allerdings nicht nur kulinarische Delikatesse, sondern erfüllte zudem wichtige Funktionen in der Heilkunde und Kosmetik. Ärzte erkannten seine entzündungshem-

1
Theodor Rosenhauer
Der alte Bienenvater · 1958 · Öl auf Leinwand auf Hartfaserplatte · 80 × 105 cm · Albertinum, Gal.-Nr. 2970

mende und stärkende Wirkung; er wurde als Mittel gegen Haarausfall und Sommersprossen eingesetzt oder gemeinsam mit Bienenwachs zur Entfernung von Körperbehaarung. Im kultischen Zusammenhang war Honig, der auch als »Himmelstau« bezeichnet und als Geschenk der Götter angesehen wurde, ebenfalls von Bedeutung und kam als Opfer bei Übergangsriten zum Einsatz.[7] In der christlichen Tradition war Honig Symbolträger des Blutes Christi und stand für die Heilige Schrift, als Bienen-Heilige gelten Ambrosius von Mailand und Bernhard von Clairveaux.[8] Nicht zuletzt kennt jeder Romreisende außerdem die drei Bienen im Wappen des Papstes Urban VIII. aus der Familie Barberini, dessen öffentliche Baumaßnahmen in der ewigen Stadt berühmt (und auch berüchtigt) waren.[9]

Honig fand auch als Material in der Kunst Verwendung, man denke hier vor allem an Joseph Beuys' »Honigpumpe am Arbeitsplatz«, die er 1977 auf der documenta 6 in Kassel präsentierte.[10] Hierbei handelte es sich um die Installation einer über mehrere Räume des Fridericianums verteilten technischen Anordnung, die 150 Kilogramm Honig durch ein umlaufendes Schlauchsystem pumpte – Honig als Symbol von Lebenskraft. Vor der Tatsache eines weltweiten Bienensterbens ist das Thema so aktuell wie nie.

Um Lebenskraft geht es auch in Theodor Rosenhauers (1901–1996) Gemälde »Der alte Bienenvater« (Abb. 1).[11] Das Bild zeigt zunächst Rosenhauers sensiblen Umgang mit dem Menschenbild nach dem Zweiten Weltkrieg. Von großer Bedeutung war für ihn in dieser entbehrungsreichen Zeit auch das Grundnahrungsmittel Brot, das er oft zum Gegenstand seiner Gemälde machte. Rosenhauer steht mit seiner Malerei in der Tradition eines verinnerlichten Realismus mit den Erfahrungen des expressiven Aufbruchs in Dresden. Eine introvertierte Sicht, die auch das Gemälde »Der alte Bienenvater« auszeichnet, bestimmt kontinuierlich sein Gesamtwerk. Das reizvolle Farbenspiel der Beuten war wohl der Anlass zum Malen, aber auch die für den Stadtmenschen Rosenhauer so wenig alltägliche, ja für ihn fast absonderliche Arbeit des Imkers mussten seine Aufmerksamkeit erregen.[12] Das Bienenhaus füllt die Fläche fast vollständig aus, rechts sieht man einen knorrigen Baumstamm, davor den auf seinen Stock gebeugten, alten Imker. Bei den Beuten handelt es sich um »Hinterbehandlungsbeuten«, die erst in der zweiten Hälfte des 19. Jahrhunderts erfunden worden sind. Im Gegensatz zu den heute üblichen »Magazinbeuten«, die aus einer oder mehreren übereinander gestellten sogenannten Zargen (oben und unten offene Kästen) sowie einem abnehmbaren Deckel und einem Boden bestehen, werden diese Beuten von der Seite oder Rückseite bedient. Das macht die Handhabung zwar bequemer, aber auch unflexibel, da diese Behausungen der Bienen nicht beliebig erweitert werden können. Hinterbehandlungsbeuten erschienen bald unmodern, wurden allerdings vor allem in der DDR weiterverwendet, denn hier gab es fast ausschließlich Bienenhäuser und Bienenwagen – ganz wie Rosenhauer es in seinem Gemälde festhielt.[13] In dieser Moment-

2
Gemmenabdruck mit Biene
1. Hälfte 3. Jahrhundert v. Chr. (Datierung bezieht sich auf das Original) · Gips · Ø 2,3 cm · Skulpturensammlung bis 1800, Inv.-Nr. ASN 5650,0350

3
Alfred Schubert und seine Tochter · 1962

aufnahme erfasst Rosenhauer die Tätigkeit – nämlich die Imkerei – und verbindet sie mit der Malerei. Er kombiniert zwei uralte Handwerke, wie Gabriele Werner treffend formulierte.[14] Die Wahl der Farben sowie die Anordnung der Flächen mit der Positionierung der Figur des alten Mannes in Rückenansicht zeugen von großer kompositorischer Ausgewogenheit.

Es war eine besondere Überraschung, als im Jahr 2018 der »alte Bienenvater« identifiziert werden konnte (Abb. 3): Alfred Schubert, ein Hobbyimker aus Olbernhau. Die Enkeltochter des Dargestellten erläuterte: »In den 70er Jahren erschien in der Tageszeitung in Dresden ein Artikel über Theodor Rosenhauer. Meine Tante und mein Onkel erkannten auf dem beigefügten Bild meinen Großvater und waren natürlich überrascht. Sie erinnerten sich, dass in den 50er Jahren ein Maler bei meinem Opa war und im Garten vor dem Bienenhaus Skizzen anfertigte. Zu dem Zeitpunkt wohnten Tante und Onkel noch in Olbernhau. Es wusste aber niemand in der Familie, dass ein solch schönes Bild mit unserem Opa existiert. Die Freude war natürlich groß. Ich erinnere mich noch sehr gut an das Bienenhaus im Garten. Der Stamm rechts gehört zu einem Pflaumenbaum. Als das Bild entstand, war mein Großvater schon sehr gebrechlich. Seine krummen Beine, die von Altersrachitis herrührten, machten das Gehen schwer. Daher der Stock. Er war aber noch ein aktiver Hobbyimker und begnadeter Schnitzer. Im Jahre 1963 ist er dann leider verstorben.«[15] Alfred Schubert ist der Name des »Alten Bienenvaters«, dessen Hobby Rosenhauer mit Zuneigung und großer menschlicher Wärme festhielt.

1 Für einen Schnellkurs in Imkerei und Honigproduktion sei Marcus Lilge gedankt. **2** Vgl. https://de.wikipedia.org/wiki/Imkerei_im_Alten_%C3%84gypten (10.7.2024). **3** Vgl. Birgit Sonja Feierabend, Biene und Honig im pharaonischen Ägypten. Eine Studie anhand schriftlicher und bildlicher Quellen, 2 Bde., Mainz 2009. **4** Vgl. https://www.bienenzuchtverein-sulzbach-rosenberg.de/images/inhalte/Vorlagen_Schule/Geschichte/05Bienen_im_Antiken_Griechenland.pdf (abgerufen 10.7.2024). **5** Eintrag »Biene«, in: Der neue Pauly. Enzyklopädie der Antike – Altertum, Bd. 2: Ark – Ci, Stuttgart/Weimar 1997, Sp. 649. **6** Eintrag »Honig«, in: Der neue Pauly. Enzyklopädie der Antike – Altertum, Bd. 5: Gru – Iug, Honig, Stuttgart/Weimar 1999, Sp. 710. **7** Ebd. **8** Vgl. https://www.heiligenlexikon.de/ (10.7.2024). **9** Vgl. https://www.maz-online.de/lokales/potsdam/die-nicht-ganz-so-netten-barberini-NLOYGMLWBCAOSS2YYSZDOKLQFY.html (10.7.2024). **10** Vgl. Hartmut Kraft, Honig für Kunst & Gesellschaft. Bienen und ihre Produkte in Werken von Joseph Beuys, Hede Bühl, Felix Droese u. a., Dortmund 2024. **11** Im Mai 2024 erhielt die Handschriftensammlung der Sächsischen Landesbibliothek – Staats- und Universitätsbibliothek Dresden den schriftlichen Nachlass Theodor Rosenhauers (insgesamt mehr als 1200 Briefe und Postkarten) als Schenkung. **12** Vgl. Gabriele Werner, Theodor Rosenhauer in der Gemäldegalerie Neue Meister Dresden. Bestandskatalog und Werkverzeichnis der Gemälde, Dresden 1997, S. 40. **13** Vgl. Karl-Heinz Vanicek, Imkerliche Fachkunde, Berlin 1966, S. 141–147. **14** Vgl. Werner 1997, S. 40. **15** Künstlerakte Rosenhauer, im Albertinum, Staatliche Kunstsammlungen Dresden.

Astrid Nielsen ist Konservatorin im Albertinum,
Staatliche Kunstsammlungen Dresden.

Schaugerichte

Das Auge isst mit!

Jede festlich gedeckte Tafel spiegelt Anlass, Geschmack, sozialen Stand und die finanziellen Möglichkeiten des Gastgebers wider. Die bereits seit dem Mittelalter stattfindenden repräsentativen Bankette des Adels folgten festen Regeln in Bezug auf das Eindecken mit Geschirrteilen, Bestecken, Gläsern, sonstigen Utensilien und ihre Anordnung, ließen aber genügend Raum für eine fantasievolle Gestaltung. Dafür boten die Köche mit sogenannten Schaugerichten ihr ganzes Können auf: »Die Schauessen werden solche Gerichte genennet / welche von Menschen Händen gemachet / lieblich anzuschauen und auch können genossen werden: Sie belustigen erstlich die Augen / nachgehends den Mund / und werden meinsten Theil aufgesetzet/.«[1] Nicht immer handelte es sich bei diesen Gerichten um zum Verzehr gedachte Schaustücke. Es gab Nachbildungen von exotischen Tieren, Figuren oder Blumenarrangements aus Wachs, Tragant, Marzipan, Zucker oder anderen gut formbaren Materialien. Auf der Renaissancetafel durften auch fertig zubereitetes Geflügel wie Schwäne oder Pfauen nicht fehlen, die nach dem Garvorgang wieder mit ihren Federn versehen und so drapiert wurden, als seien sie lebendig. Das Fleisch war zäh und die Vögel wurden deshalb nicht verzehrt.

Scherzgerichte sorgten für Amüsement bei Tisch: Aus Pasteten flatterten beim Anschnitt Vögel oder es krochen Aale und kleine Schlangen heraus. Immer jedoch galt es, den jeweiligen Anlass des Essens zu berücksichtigen: »Die Bilder haben entweder eine Deutung / welche auf die Ursache des Banckets / oder den Ruhm der hochansehnlichen Gäste abzielet.«[2] Oft verbarg sich dahinter politisches Kalkül. Die Gäste sollten vorzüglich speisen, miteinander ins Gespräch kommen, in Staunen versetzt werden und dem Gastgeber für die Inszenierung Anerkennung zollen.

Im Laufe der Zeit wurden die Materialien vielseitiger: von kunsthandwerklich meisterlich gearbeiteten Schiffen aus Muscheln und Elfenbein, Gebäuden, Tieren aus Edelmetallen über Fayencen, ab dem 18. Jahrhundert auch Porzellanen, bis zu Springbrunnen, Menagerien und ganzen Schlossanlagen aus feinen Leinenservietten.[3]

Mit der Zeit wurden »echte« Tiere durch kunstvolle Ausführungen in Fayence oder Porzellan ersetzt. Im Zusammenhang mit Jagdbanketten galt ein aufwendig glasierter Wildschweinkopf als besondere Zierde. Unter der abnehmbaren »Schädeldecke« der Deckelterrine war Platz für Fleischgerichte. Die Keilerköpfe wurden dabei ausgesprochen drastisch mit aufgerissenem Maul, heraushängender Zunge und großen Hauern gestaltet. Eine sehr detailgetreu mit Aufglasurfarben bemalte Fayence in dieser Form entstand nach dem Entwurf von Johann Ignaz Hess um 1750 in der Höchster Fayencemanufaktur und befindet sich im Bayerischen National-

1
Dose in Form einer Melone
Bayreuther Fayencemanufaktur · 1761–1788 · Fayence · 10,8 × 19,8 × 12,2 cm · Kunstgewerbemuseum, Inv.-Nr. 37403

2
Terrine in Form eines Kohlkopfes
Nove bei Bassano, um 1775/80 · Fayence · 17,8 × 25,1 × 24,8 cm (mit Deckel) · Kunstgewerbemuseum, Inv.-Nr. 275

museum, München.[4] Das Kunstgewerbemuseum besitzt ebenfalls einen dieser naturalistisch, in Lebensgröße gestalteten Eberköpfe, allerdings unbemalt, nur mit einer weißen, zinnhaltigen Glasur überzogen. Entstanden um 1740 konnte er bisher keiner Manufaktur zugeordnet werden.[5]

Insgesamt besitzt das Kunstgewerbemuseum sieben weitere, ganz unterschiedliche Schaugerichte. Dazu gehören sowohl Tierplastiken als auch Frucht- und Gemüsearrangements.[6] Ein frühes Beispiel bildet eine Buckelschale mit Früchten (Frutteria farcita) in den für Faenza um 1540 typischen Gelb- und Blautönen. In der Schale liegen Zitronen, kleine Kürbisse, Trauben und Erbsenschoten.[7] Eine sehr fein ausgearbeitete Fayencearbeit aus der Manufaktur in Bayreuth bildet eine Dose in Form einer großen gelben, länglichen Melone (Abb. 1).[8] Das allgemeine Lieblingsobjekt ist jedoch eine Terrine in Form eines Kohlkopfes in Originalgröße (Abb. 2). Sie gehört zu den sehr zeitigen Erwerbungen des Museums, noch vor dessen offizieller Gründung.[9] Gefertigt wurde das Gefäß um 1775/1780 in der Fabrica di Pasquale Antonibon alle Nove (bei Bassano, Italien). Die Schüssel ergibt sich aus den fünf sich überlappenden Außenblättern, wobei der Strunk als kleine Standfläche ausgebildet ist. Die Blattränder sind als Lippe etwas auswärts gebogen, um dem gewölbten Deckel aus vier quer halbierten Blättern Halt zu bieten. Zwei nach außen gebogene Blattenden auf dem Deckel dienen als Handhabe.

Ab dem 19. Jahrhundert übernahm das aufstrebende Bürgertum zunehmend die Kultur der ausschweifenden Tischdekoration. Heute ist sie in dieser Form nur noch bei einzelnen offiziellen traditionellen Essen üblich, lebt aber in Teilen auf öffentlichen und familiären Festtafeln weiter.
Kerstin Stöver

1 Georg Philipp Harsdörffer, Neues Trenchir-Büchlein, Nürnberg 1652, S. 150 f. **2** Ebd. **3** Vgl. »Servietten brechen – Serviettenfaltkunst vom 16. Jahrhundert bis heute«, Ausstellung des Kunstgewerbemuseums, Staatliche Kunstsammlungen Dresden 2007; Joan Sallas, Gefaltete Schönheit. Die Kunst des Serviettenbrechens, Freiburg im Breisgau/Wien 2010. **4** Inv.-Nr. 34/510.1-2. **5** Inv.-Nr. 37427. **6** Inv.-Nrn. 37703, 44494, 37932. **7** Inv.-Nr. 39090. **8** Inv.-Nrn. 39090, 37403. **9** Ankauf bei Neumann in Nürnberg 1875, gemeinsam mit weiteren Objekten unterschiedlichen Materials.

Kunst zum Anbeißen

Von Gummibärchen und essbarem Papier im Gerhard Richter Archiv

Kerstin Küster

Wir schreiben das Jahr 1965. Die Düsseldorfer Künstler Sigmar Polke, Konrad Lueg, Manfred Kuttner und Gerhard Richter werden vom befreundeten Galeristen René Block eingeladen, an einer Gruppenausstellung mit dem Titel »Hommage à Berlin« teilzunehmen. Dabei handelt es sich nicht um eine reine Verkaufspräsentation, denn Block, der eigentlich nach Berlin (West) kam, um sein Kunststudium fortzusetzen, betrachtet seine Ausstellungen als Kunstwerke.[1] Deshalb spielt bei Block die Inszenierung der Ausstellung eine ebenso große, wenn nicht sogar wichtigere Rolle als der Verkauf der präsentierten Werke selbst.[2] Der Galerist bezieht damit klar Stellung im bestehenden Kulturbetrieb, und dafür gilt es Aufmerksamkeit zu wecken, eine neue Gruppe von Sammlerinnen und Sammlern anzusprechen, von der die jungen Protagonisten der Kunstszene sich eine bewusstere Reflexion des zeitgenössischen Materials erhoffen sowie die Bereitschaft, den traditionellen Kunstbegriff aufzubrechen und um neue Ausdrucksformen wie das Happening zu erweitern. Der Ausstellungsraum wird zum Atelier, die Kunst zu einem gemeinsamen Erlebnis, das von den Künstlerinnen und Künstlern initiiert wird, aber erst durch das aktiv partizipierende Publikum seine Vollendung findet. Was liegt da näher, als den Gästen bereits eine Kostprobe davon zu geben, was sie in der Ausstellung erwarten wird und sie mit einer essbaren Einladungskarte oder Gummibärchen in die Galerie zu locken?

Zu seiner Ausstellung »Hommage à Berlin. Eine Generation – Ein Thema« lädt René Block am 27. September 1965 in seine Galerie ein.[3] Block gründete sie nur ein Jahr zuvor und mietete dafür einen Kellerraum in der Schöneberger Frobenstraße 18 in Berlin (West) an.[4] Dem eigentlich aus dem Rheinland stammenden Galeristen gelingt es in kürzester Zeit,

1
Sigmar Polke
Berliner (Bäckerblume) · 1965 · Dispersion auf Leinwand · 170 × 125 cm · Städtische Galerie Karlsruhe, Sammlung Garnatz, Inv.-Nr. SG 183

2
Blick in die Ausstellung »Hommage à Berlin« mit Gerhard Richters »Rokokotisch« links · 1965

neben namhaften Berliner auch rheinländische Kunstschaffende aus dem Bereich des Happenings, der Pop Art und des Neuen Realismus in sein Galerieprogramm aufzunehmen. 1965 präsentiert Block Bilder, Zeichnungen, Collagen und Druckgrafiken, die er bei 14 Künstlern, unter anderem bei Joseph Beuys, KP Brehmer, Karl Horst Hödicke, Wolf Vostell und den oben genannten rheinischen Malern Kuttner, Lueg, Polke und Richter direkt in Auftrag gab. Die einzige Bedingung war, dass die Arbeiten einen unmittelbaren Bezug zur Stadt Berlin haben sollten. Sigmar Polkes Beitrag ist das Gemälde eines Konditors mit vier großen Pfannkuchen, die im Rheinland »Berliner« genannt werden (Abb. 1).[5] Gerhard Richter steuert das 90 auf 100 cm große leicht verwischte Ölbild »Rokokotisch« bei (Abb. 2). Das Möbel malt Richter nach einem Foto, das im Schloss Charlottenburg in Berlin aufgenommen worden ist.[6] Brehmer und Vostell reichen Collagen ein und Hödicke ein »Bild zum Drehen«, welches das Vorbeifahren zweier U-Bahn Wagen imitiert. Doch die »schnoddrigste«[7] Arbeit liefert Konrad Lueg ab (Abb. 3). Er »hat einen Berliner Bären aus lauter kleinen bunten Fruchtgummis geklebt«, so der Kunstkritiker Heinz Ohff, der begeistert von der Ausstellung berichtet.[8] Hans Dahlem spricht am 5. Oktober hingegen von Luegs »kleinen (Berliner) Weingummi-Bären angeordnet zu artigem Tapetenmuster«.[9]

Auf Luegs Arbeiten bezugnehmend hat René Block die Einladungskarte zur Ausstellung gestaltet (Abb. 4). Im Format 15,1 auf 10,4 cm ist sie im Maß identisch mit seinen vorangegangenen, immer auf farbigem Kar-

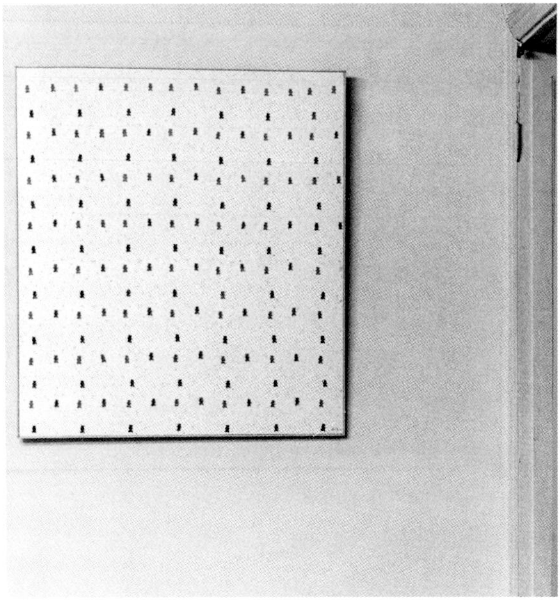

3
Blick in die Ausstellung »Hommage à Berlin« mit Konrad Luegs mittlerweile zerstörter Arbeit mit Fruchtgummis · 1965

ton gedruckten Einladungen zum Postversand. Doch dieses Mal ergänzt er die orangefarbene Einladungskarte mit grünem Text um ein aufgeklebtes Gummibärchen. Der süße, gut zwei Zentimeter große Bär wird zum Leitmotiv der Ausstellung. Zum einen spielt er auf das Berliner Wappentier an, das seit 1957 auch als Bronzeplastik in Form eines aufrecht schreitenden Bären am Autobahnkreuz Zehlendorf alle Reisenden in Berlin begrüßt oder verabschiedet.[10] Zum anderen handelt es sich um einen sogenannten Goldbären der Firma Haribo. Erfunden wurde der Fruchtgummi 1922 von dem Unternehmer Hans Riegel. Für den Namen seines Einmannbetriebs wählte der Bonbonmacher die jeweils ersten zwei Buchstaben seines Vor- und Zunamens sowie der Stadt Bonn, in der er lebte: Haribo.[11] Der anfangs noch größere Fruchtgummi bestand aus Zucker, Glukosesirup, Wasser und Gummi arabicum bzw. Gelatine und kam in Form eines stilisierten Tanzbären zum Verkauf. 1930 wurde daraus der etwas kleinere Teddybär. Nach dem Zweiten Weltkrieg bauten die Söhne Hans und Paul Rieger das Unternehmen neu auf. Ihren Erfolg krönten die beiden Brüder, als sie 1960 den »Goldbären« auf den bundesdeutschen Süßwarenmarkt brachten und ihn ab 1962 im Fernsehen bewarben. Das Fernsehen hielt in den 1950er Jahren Einzug in die bundesdeutschen Wohnungen und war Mitte der 1960er Jahre längst zu einem Massenmedium geworden, mit Sendungen, die bis zu sieben Millionen Bundesbürger gleichzeitig erreichten. Konsequenterweise erweiterten die Riegers im selben Jahr ihren eingängigen Werbeslogan »Haribo macht Kinder

4
Einladungskarte »Hommage à Berlin«
1965 · Offsetdruck auf Karton mit Gummibärchen · 15,1×10,4 cm · Gerhard Richter Archiv, Inv.-Nr. 186/10

froh« um das allseits bekannte »und Erwachsene ebenso«.[12] Damit erschlossen sie sich einen altersunabhängigen Konsumentenkreis.

Es ist raffiniert, wie René Block 1965 der scheinbar witzig daherkommenden Einladungskarte nicht nur einen offensichtlichen Berlin-Bezug einschreibt, sondern auch auf die zunehmend vom Genuss und Konsum bestimmte bundesdeutsche Gesellschaft und den deutschen Wohlfahrtsstaat anzuspielen vermag. Des Weiteren kann die Karte auch politisch gelesen werden, da der Bär stellvertretend für die deutsche Hauptstadt Berlin steht und der Gummibär in Bonn, dem damaligen provisorischen

5
Einladungskarte »Hommage à Dalí«
Galerie h, Hannover, 1970 · Druck mit Kaffee auf essbarem Papier · 10 × 19,7 cm · Gerhard Richter Archiv, Inv.-Nr. 154/20

Regierungssitz der Bundesrepublik Deutschland, produziert wird. Damit schlägt der Galerist nicht nur eine Brücke, die seine Künstler in Berlin und dem Rheinland verbindet, sondern spielt auch auf die politische Teilung Berlins sowie die Spaltung des ganzen Landes an. Inbegriff dieser von Zeitgenossen besonders schmerzlich empfundenen Situation in der Ausstellung »Hommage à Berlin« ist ein Holzstuhl, der in der Mitte von einem Stacheldraht geteilt wurde.[13] Die Arbeit stammt von Bazon Brock, der nicht nur als Kunsttheoretiker diese Zeit maßgeblich prägte, sondern an zahlreichen Happenings partizipierte und neben Joseph Beuys und Nam June Paik zu den wichtigsten Akteuren der Fluxus-Bewegung gehörte.

Im Gerhard Richter Archiv nimmt René Blocks Einladungskarte eine Sonderstellung ein. Es gibt nur eine weitere im Archivbestand, die kulinarischen Charakter hat. Sie entstand fünf Jahre später, als Gerhard Richter und Blinky Palermo gemeinsam in der galerie h von Ernst Haseke in Hannover ausstellten. Zur Eröffnung laden die beiden Düsseldorfer Künstler mit einer ungewöhnlichen Einladungskarte ein (Abb. 5). Das Besondere an dieser Karte ist ihr Material: »Die rosafarbene Einladungskarte ist eßbar, die Schrift, die Palermo und Gerd Richter ankündigt […], ist mit Kaffee darauf gedruckt.«[14] Die beiden Künstler haben auf Oblaten oder Reispapier zurückgegriffen. Aufgrund der großporigen Struktur eignet es sich weder für das Schreiben noch Drucken besonders, was bei der Betrachtung der Karte auch deutlich wird. Die Schrift zerfließt leicht unscharf auf der Oberfläche. Mit einer Größe von 10 × 19,7 cm wurde sie in einem normalen Briefumschlag an die Sammlerinnen und Freunde der Galerie verschickt. Die Maler widmen dic Ausstellung dem damals 66-jährigen spanischen Künstler Salvador Dalí. Als Hauptvertreter des europäischen Surrealismus war er nicht nur eine Ausnahmeerscheinung, sondern aufgrund seines exzentrischen Charakters eine durchaus umstrittene Persönlichkeit. Weder Palermo noch Richter schätzten seine Kunst sonderlich, aber sie wählten ihn bewusst, weil er, wie Richter rückblickend anmerkt, für die Zeitgenossen »der verrufenste Künstler war, ein bürgerlicher reaktionärer Kitscher. [...] Aber wir sahen auch, dass er ein genialer Maler war, der wunderbare wahnsinnige Bilder gemalt hat. Da ist so ein pauschales negatives Urteil ganz unangemessen und eben blind. [...] Also etwas Parodistisches oder Ironisches lag nicht in unserer Absicht.«[15] Die beiden Künstler schufen einen Raum für Dalí, in dem Richter zwei großformatige abstrakte Bilder präsentierte. Palermos Beitrag bestand in einem direkt unter der Decke umlaufenden schwarzen Streifen. Richter erinnert sich an den Raum als »sehr inszeniert, ziemlich gut [...]. Das war alles sehr ausgewogen und eher ernst.«[16]

Im Gegensatz dazu stand die Eröffnungsfeier dieser Ausstellung. Die Geladenen waren angehalten, ihre Einladungskarten mitzubringen. Während der Eröffnung forderten Richter und Palermo ihre Gäste auf, die Karten zu essen.[17] In diesem Moment verwandelte sich das Publikum in der galerie h zu Akteuren eines Happenings. Das Essen des »sehr geschmacksneutralen«[18] Papiers wurde zu einem Event, bei dem jedoch nicht nur eine Karte verspeist, sondern ein Gemeinschaftsmoment geschaffen worden ist. Damit knüpften die beiden Düsseldorfer an das christliche Abendmahl an. Jesus Christus teilte das Brot beim letzten Abendmahl mit seinen Jüngern. Im Anschluss trugen sie seine Botschaft in die Welt. Das Essen ist demzufolge eine Form der Aneignung, der Verinnerlichung und Verarbeitung. Deshalb war die Anspielung Palermos und Richters durchaus ernst gemeint, denn ihr Ziel war es, dass die Besucher*innen ihre Kunst kaufen und damit in der Welt verbreiten. Bereits in Richters Notizen von 1964/65 heißt es: »Die Kunst ist nicht Religionsersatz, sondern Religion [...] weil die Kirche als Mittel, Transzendenz erfahrbar zu machen und Religion zu verwirklichen, nicht mehr ausreicht, ist die Kunst, als verändertes Mittel, einzige Vollzieherin der Religion, das heißt Religion selbst.«[19]

Es ist ein kleines Wunder, dass überhaupt Exemplare dieser hier vorgestellten zwei kulinarischen Einladungskarten überlebt haben. Beide hatten bei ihrer Entstehung ein konkretes Verfallsdatum. Wer konnte 1965 ahnen, dass die Archive des 21. Jahrhunderts diese Ephemera sammeln werden? Was damals Grundlage eines Happenings gewesen war, ist heute ein äußerst seltenes Sammlungsstück. Es ist zu vermuten, dass nur noch eine Handvoll dieser Einladungskarten überhaupt existieren, sind die meisten doch gemeinschaftlich verspeist, über die Jahre verfallen oder entsorgt worden. Folglich ist die Anzahl der Karten, die noch ausstellungsfähig sind, ganz gleich ob das Fruchtgummi auf dem dafür vorgesehenen Feld zur Unkenntlichkeit plattgedrückt oder beschädigt ist, oder ob die essbare Einladungskarte Bissspuren aufzeigt, sehr gering. Umso glücklicher schätzt sich das Gerhard Richter Archiv, drei Exemplare dieser Karten im Bestand zu wissen. Zwei von ihnen werden 2025 in der Kabinettausstellung »20 Jahre Gerhard Richter Archiv. Werke, Materialien, Kurioses« im Georg-Treu-Kabinett des Albertinum zu sehen sein.

1 Vgl. Stella Baum, Die frühen Jahre. Gespräche mit Galeristen. René Block, in: Kunstforum international 104 (1989), S. 254–264, hier S. 257. **2** Das künstlerische Selbstverständnis René Blocks äußert sich auch in der Erstellung des Gesamtverzeichnisses aller Editionen, die Künstler*innen für seine Galerie realisiert haben. Das Verzeichnis ist zur Wanderausstellung anlässlich des 80. Geburtstags René Blocks erschienen; vgl. Michel Glasmeier, Katrin Seemann (Hg.), René Block. Drei Hubwagen und ein Blatt Papier. Editionen 1966–2022 Gesamtverzeichnis, München 2023. **3** Vgl. Heinz Ohff, Liebeslied an eine spröde Geliebte. »Hommage à Berlin« in der Galerie Block, in: Der Tagesspiegel, 1. 10. 1965, S. 5. **4** Vgl. ebd. **5** René Block erinnert sich amüsiert daran, dass er den Gästen der Ausstellung den Werktitel erklären musste. Interview mit René Block, 8. 1. 2020, Oral Art History-Archiv, Anna Polke-Stiftung. **6** Vgl. Dietmar Elger, Gerhard Richter. Catalogue Raisonné, Bd. 1: 1962–1968, Nrn. 1–198, WVZ 38, S. 116 f., hier S. 117. **7** Vgl. Ohff 1965, S. 5. **8** Ebd. **9** Hans Dahlem, Nicht alle hielten sich an das Motiv. Schau bei René Block, in: Die Welt, 5. 10. 1965. Der Galerist René Block erinnert sich nur an die zuletzt beschriebene Arbeit, die auch in seinem Fotoarchiv dokumentiert ist. Die Arbeit wurde, so der Galerist, nach Ende der Ausstellung entsorgt. Auskunft René Blocks gegenüber der Autorin am 4. 9. 2024. **10** Die Bronzeskulptur stammt von der Bildhauerin Renée Sintenis, die am 22. 4. 1965 in Berlin verstarb. **11** Zur Geschichte Hans Riegers und seines Unternehmens Haribo vgl. https://www.haribo.com/de-de/ueber-uns/geschichte (4. 8. 2024). **12** Vgl. ebd., Firmenhistorie des Jahres 1962. **13** Vgl. m., Der geteilte Stuhl, in: Berliner Stimme, 30. 10. 1965; vgl. auch Ohff 1965, S. 5. **14** Es., Ein Farbfleck ist ein Farbfleck. Neues in der Galerie Ernst, in: Hannoversche Allgemeine Zeitung, 20. 10. 1970, S. 21. **15** Gerhard Richter im Interview mit Hans Ulrich Obrist 2006, in: Gerhard Richter. Text 1961 bis 2007. Schriften, Interviews, Briefe, hg. von Dietmar Elger und Hans Ulrich Obrist, Köln 2008, S. 528–541, hier S. 534. **16** Ebd. **17** Auskunft der Teilnehmerin Ute Maria Etzold im Gespräch mit der Autorin, Dresden 26. 5. 2020. **18** Ebd. **19** Gerhard Richter, Notizen 1964–1965, in: Elger/Obrist 2008, S. 29–35, hier S. 34 f.

Kerstin Küster ist wissenschaftliche Mitarbeiterin
im Gerhard Richter Archiv, Staatliche Kunstsammlungen Dresden.

Die Zeit ist reif!

Das »Pfirsichglas« von Claude Monet

Es sind die wohl berühmtesten eingelegten Pfirsiche der Kunstgeschichte, und zugleich ein Meilenstein des modernen Stilllebens; ein ferner Gruß aus der Tradition niederländischer Küchenstücke, und zugleich eine absolut gegenwärtig wirkende Feinschmeckerei für kunstsinnige Gourmets. Claude Monet malte dieses Kabinettstück, das den Vergleich mit den »Zeitlosen Schönheiten« der Alten Meister nicht scheuen muss, wohl im späten Sommer 1866. Der Künstler war gerade einmal 25 Jahre alt – und das beliebte Obst reif. Es stammte vermutlich aus dem Garten des ländlichen Anwesens seiner Tante Jeanne-Marie (oder Marguerite) Lecadre im normannischen Sainte-Adresse.[1]

Große malerische Virtuosität und koloristische Delikatesse bewies Monet bei der Wiedergabe der Früchte in drei verschiedenen Erscheinungsformen: als frische Ernte auf einer polierten Marmorplatte, als deren Spiegelung auf ebenjener dunklen Fläche sowie in einem hohen Glasbehälter. Hierbei handelt es sich jedoch wahrscheinlich nicht – wie oft angenommen – um ein luftdicht abschließbares Einmachglas (Methoden zur verlängerten Haltbarkeit tierischer und vegetabiler Nahrungsmittel wurden allerdings schon im frühen 19. Jahrhundert diskutiert),[2] sondern um ein Gefäß, in dem die Pfirsiche zusammen mit Gewürznelken und Zimtstangen geschmackvoll eingelegt wurden.

Madame Lecadre, die von ihrem talentierten Neffen 1866/67 als elegant in Weiß gekleidete, sonnenbeschienene »Frau im Garten« verewigt worden ist (Sankt Petersburg, Eremitage), könnte für die Verarbeitung ihrer Pfirsiche verschiedene Varianten des Konservierens im Sinn gehabt haben: in Zuckerwasser, in Alkohol oder in Essig. Auch in deutschen Ländern wurde darüber nachgedacht, so beschrieb beispielsweise J. C. Lichtenbergs »Neuestes Lehrbuch der Conditorei« von 1847 verschiedene Arten, die Früchte einzumachen, darunter »Pfirsiche mit der Schale in Branntwein«.[3]

Über die Konsistenz der Flüssigkeit wurde im Katalog einer Frankfurter Impressionismus-Ausstellung bereits kurz räsoniert: »Die Tatsache, dass die Nelken nicht herabsinken, zeigt an, dass es sich bei dem Gefäßinhalt um eine dickflüssige Masse handeln muss.«[4] Das Albertinum will es nun genau wissen und fragt nach den besten Rezepten, deren Resultate dem zentralen Bildinhalt, den »Pfirsichen im Glas«, am nächsten kommen würden. Experimentieren Sie, versuchen Sie nachzustellen, oder kreieren Sie neue Rezepturen: »Spicy Peaches«, »Fetzsche Fürssche« oder gar »Pêches Monets« – der Fantasie sind kaum Grenzen gesetzt.[5]

Andreas Dehmer

Claude Monet
Das Pfirsichglas · um 1866 · Öl auf Leinwand · 55,5 × 46 cm · Albertinum, Gal.-Nr. 2525 B

1 Vgl. den Werkkommentar von Heike Biedermann, in: Ulrich Bischoff (Hg.), Galerie Neue Meister Dresden, Bd. 1, Dresden/Köln 2010, S. 212. **2** Freundlicher Hinweis von Josef Mazerath, Technische Universität Dresden, 8. 6. 2024. Vgl. auch Astrid Bergmeister, Mindestens haltbar bis ... Konservieren und Bevorraten in Glasgefäßen, Essen 1998; Uwe Spiekermann, Künstliche Kost. Ernährung in Deutschland 1840 bis heute, Göttingen 2018. **3** Sächsische Landesbibliothek – Staats- und Universitätsbibliothek Dresden (SLUB), Sign. Technol.B.347, online unter https://digital.slub-dresden.de/werkansicht/dlf/12052/51 (12. 6. 2024). Freundlicher Hinweis von Janosch Förster, Deutsches Archiv der Kulinarik, SLUB. **4** Nerina Santorius, »Zwischen dem Motiv und mir«. Sehfilter und Blicksperren im impressionistischen Bild, in: Monet und die Geburt des Impressionismus, Ausst.-Kat. Städel Museum, Frankfurt a. M. 2015, hg. von Felix Krämer, München 2015, S. 28 – 35, hier S. 29. **5** Das überzeugendste Rezept (mit Foto des Ergebnisses) wird veröffentlicht und gewinnt einen Tag freien Eintritt ins Albertinum für zwei Personen. Einsendungen bis spätestens 31. 12. 2024 an albertinum@skd.museum.

Verzehr erforderlich

»Untitled« (Placebo – Landscape – for Roni) von Felix Gonzalez-Torres

Dorothée Brill

In dem englischen Wort »consumption« treffen »Verzehr« und »Verbrauch« unmittelbar zusammen. Der US-amerikanische Künstler Felix Gonzalez-Torres[1] (1957–1996) greift diese unausweichliche Verknüpfung in seiner von 1990 bis 1993 entstandenen Serie der »candy works« auf. Es sind Werke, die aus großen Mengen zum Verzehr bestimmter Bonbons bestehen. Die dadurch exemplifizierte Vergänglichkeit ist eines der wichtigsten Themen im Gesamtwerk des Künstlers. Im Zentrum steht die Vergänglichkeit der individuellen menschlichen Existenz, aber es geht auch um die Infragestellung von Konstanten aller Art. Das Leben – das individuelle wie das kollektive – ist Veränderungen unterworfen, gewollten wie erlittenen, vorhersehbaren wie unvorhersehbaren, solchen, denen wir ins Auge blicken und solchen, die wir so lange es geht zu ignorieren versuchen.

Die Perspektive des Künstlers auf Vergänglichkeit oder – etwas neutraler ausgedrückt – auf den Wandel von Dingen, Menschen und Zuständen, mag im Biografischen begründet sein,[2] ist aber viel weiter gespannt und wird auf vielfältige Weise durch seine Kunstwerke thematisiert. Zugleich nahm Gonzalez-Torres mittels seiner Kunstwerke den individuellen und gemeinschaftlichen Umgang mit Kunst in den Blick. Dabei griff er eine künstlerische Erfindung auf, die 1917 in eben seiner Wahlheimat, New York, ihren Anfang genommen hatte. Wie es die Legende will, geschah dies im Rahmen eines Spaziergangs von drei Freunden durch die Straßen Manhattans, an dessen Ende der Besuch der J. L. Mott Iron Works, eines Geschäfts für Sanitärbedarf, stand.[3] Das dort erworbene Objekt, ein handelsübliches Porzellanurinoir des Modells Bedforshire, sollte dazu beitragen, die Definition dessen, was Kunst ist, zu revolutionieren. Denn der Kauf markierte die Geburtsstunde des Werks »Fountain« von Marcel Duchamp und zugleich den Durchbruch einer Idee, die in dem französischstämmigen Künstler schon etwas gärte: Es war eine radikale Neudefini-

1
Felix Gonzalez-Torres
»Untitled« (Placebo – Landscape – for Roni) · 1993 · Bonbons in Goldfolie · Maße variabel · Idealgewicht: 544 kg Bonbons · Tate / Schenkung Sammlung Hoffmann, Inv.-Nr. SHO/00727 · Präsentation bei der Ausstellung »Still Alive«, Albertinum · 2021

tion des Konzepts künstlerischer Schöpfung. Indem Duchamp damit den akademischen Kunstbetrieb ärgern wollte, leistete er für die Kunst einen enormen Befreiungsschlag, der sich in leiseren Tönen bereits hier und da auch bei anderen Künstler*innen angebahnt hatte. Die Wucht, mit der diese Tendenz aufgegriffen und in den nachfolgenden Jahrzehnten ausgebaut wurde, macht das Bedürfnis nach einem neuen oder größeren künstlerischen Terrain überdeutlich. Auch das Œuvre von Gonzalez-Torres steht in dieser Tradition und schreibt sie fort.

Die erwähnte Serie der »candy works«, der Bonbon-Arbeiten von Felix Gonzalez-Torres, umfasst insgesamt 20 Werke. »Untitled« (Placebo – Landscape – for Roni)[4] von 1993 ist das letzte der Serie (Abb. 1). Es wurde von Erika Hoffmann den Staatlichen Kunstsammlungen Dresden geschenkt und zwar als ein mit der Tate in Großbritannien geteiltes Eigentum – eine dem Geist des Künstlers durch und durch entsprechende Entscheidung. Der im Titel genannte Name verweist auf die Künstlerin Roni Horn, mit der Gonzalez-Torres eine Freundschaft verband und die sich in eigenen Werken mit dem bedeutungsgeladenen Material Gold beschäftigte. In den frühen 1980er Jahren hatte sie die Bodenskulptur »Gold Field« geschaffen, eine hauchdünn gehämmerte, rechteckige Fläche aus Gold. 1990 sah Gonzalez-Torres dieses Werk und beschrieb es als »eine neue Landschaft, ein möglicher Horizont, ein Ort der Pause und vollkommener Schönheit«.[5]

Wenige Jahre später antwortete er mit einer ebenfalls flach ausliegenden Bodenarbeit und nahm durch den beigefügten Titel unmittelbar Referenz auf »Gold Field« und auf die Wirkung, die das Werk auf ihn hatte. Dem kostbaren Edelmetall stellt er den trivialen, aber zugänglichen Schein glitzernden Cellophanpapiers gegenüber (Abb. 2). Das Werk besteht – zumindest zeitweise – aus 544 kg bzw. 1200 lb Bonbons, seinem sogenannten Idealgewicht. Da die Süßwaren im Laufe der Ausstellung verzehrt werden, schwindet das physische Volumen des Werks und seine Gestalt verändert sich (Abb. 3–4). Es ist in seiner Erscheinung also nicht konstant. Darüber hinaus können alle »candy works« an mehr als einem Ort zu einem Zeitpunkt ausgestellt sein (das gilt auch für andere reproduzierbare Werke des Künstlers) und jedes kann verschiedene Gestalt annehmen. Das heißt, die Bonbons können als Bodenskulpturen in unterschiedlicher Weise ausgelegt werden (Abb. 5–7).

Wie Duchamp im Falle des Pissoirs nutzte auch Gonzales-Torres für dieses wie für die anderen »candy works« die seinerzeit handelsübliche Ware, also gewöhnliche Bonbons in gebräuchlicher Verpackung. Dieser Aspekt, das ist für Gonzalez-Torres entscheidend, galt nicht nur seinerzeit, sondern gilt auch heute. Bei jeder Ausstellung des Werks werden die Bonbons, gemäß dem aktuell Verfügbaren, neu beschafft. Das Kunstwerk besteht also nicht als physisch identische und konstante Einheit. Die Authentizität der Arbeit liegt weder in einem fixen und zu bewahrenden

2
Bonbons im goldenen Cellophanpapier · Präsentation bei der Ausstellung »Adam, Eva und die Schlange«, Bundeskunsthalle Bonn · 2021/22

Konvolut an Süßigkeiten, noch in der getreuen Beibehaltung der seinerzeitigen Ausführung und Ästhetik, die mit jedem Jahrzehnt, das verstreicht, durch die Änderung von Produktionsweisen, Papierart, Druckverfahren und gesetzlichen Vorgaben, schwerer zu erreichen sein wird. Priorität hat vielmehr der Geist des Kunstwerks und zu diesem Geist gehört, dass es in der Ausführung zeitgemäß und in der Folge leicht umsetzbar bleibt. »Die Fähigkeit des Werks, mit Leichtigkeit gezeigt werden zu können, ist eine fortwährende Absicht des Werks«, so ein Auszug aus dem die Arbeit authentifizierenden Zertifikat. Hier betrifft dies die Art der Bonbons und deren Verpackung. In anderen Serien des Künstlers bezieht sich die mögliche Aktualisierung zum Beispiel auf die Art von Posterdrucken oder die Papierwahl.

Die Arbeit wird also nicht durch etwas manifest, das physisch permanent präsent ist und mit konservatorischen Kniffen dauerhaft zu bewahren wäre. »Einzelne Bonbons und alle Bonbons zusammengenommen sowie jegliches Material, das am Ende einer Manifestation des Werks übrigbleibt, stellen kein einzigartiges Werk dar«, so betont das Zertifikat. Der Eigentümer der Bodenskulptur wird in der Folge durch eben dieses Zertifikat bestimmt. Für dieses, wie für die sogenannten Guidelines of Manifestation – das sind Handreichungen zur Installation von Arbeiten des Künstlers – zeichnet seit dem frühen Tod des Künstlers im Jahr 1996 eine nach ihm benannte und in New York beheimatete Stiftung verantwortlich, die Felix Gonzalez-Torres Foundation. Die Handreichungen enthalten zwei wichtige Dinge: Sie umreißen die grundlegenden, das jeweilige Werk definierenden Parameter und eine Beschreibung der Originalmanifestation, also der ersten Ausführung des Werks durch den Künstler. Diese »kann als Richtschnur bei Entscheidungen über die Manifestation des Werks verwendet werden«, so führt das Dokument aus. Im Falle von »Untitled« (Placebo – Landscape – for Roni) betreffen die für das Werk festgelegten Parameter das bereits erwähnte Idealgewicht, sowie – in groben Zügen – Art und Farbe der Verpackung (nämlich goldenes Cellophanpapier). Weiterhin ist die Platzierung der Bonbons direkt auf dem Boden festgeschrieben sowie der Umstand, dass das Kunstwerk nur an Orten installiert werden kann, die für Dritte physisch zugänglich sind. Diesen

3–4
Die immer weniger werdenden Bonbons im Rahmen der Ausstellung »Blickwechsel« in den Paraderäumen im Dresdener Residenzschloss · 2023/24

Dritten soll weiterhin weder verwehrt werden, Bonbons zu nehmen, noch soll man sie ausdrücklich dazu auffordern.[6]

Die Stiftung überarbeitet die genannten Handreichungen, die zur Orientierung von Eigentümern wie Leihnehmern gedacht sind, nach Bedarf. Auch sie sind also nicht »in Stein gemeißelt«, sondern wandeln sich – ganz im Sinne der Grundhaltung des Künstlers – möglicherweise mit der Zeit. Die Handreichungen selbst, wie deren Überarbeitungen sind also weder wohlmeinendes oder gar übereifriges Beiwerk der Stiftung noch Pragmatismus. Vielmehr ist beides unmittelbar von dem Anliegen des Künstlers abgeleitet, dem Aspekt des Wandels in seiner Kunst Rechnung zu tragen. Dieser Aspekt des Wandels endet nicht an dem Punkt, an dem der Künstler eine Arbeit erstmals installiert, sondern stellt sich in jedem Moment ihrer Re-installation erneut.

Die Felix Gonzalez-Torres Foundation geht allerdings noch einen Schritt weiter: Sie überträgt die Entscheidung darüber, wie groß der dem Werk entsprechende Interpretationsspielraum bei jeder Neuinstallation ist, derjenigen Instanz, die die Wiederaufführung des Kunstwerks verantwortet. Ihr – also uns – obliegt es, im Sinne des Künstlers Entscheidungen über Einzelheiten zu treffen und damit eben auch zu entscheiden, was überhaupt dem Werk gemäß ist. Die Ausstellenden haben »das Recht, die spezifischen, aber offenen Parameter des Werks laufend und jedes Mal, wenn er*sie das Werk manifestiert, zu interpretieren«, so die Handreichung.

5
Präsentation bei »Solange ich kann«, Ausstellung im Rahmen des Lausitz Festival, Bad Muskau · 2023

6
Präsentation bei »Third Skin«, OP ENHEIM, Wrocław · 2023/24

7
Präsentation bei »Artists' Conquest. Inside Outside«, Schloss und Park Pillnitz · 2022

Dieser Akt der expliziten Übertragung von Entscheidungsfreiheit aber auch Verantwortung an die ausstellende Instanz ist eine überaus adäquate Art, das künstlerische Erbe von Gonzales-Torres ernst zu nehmen. Denn hier verbindet sich der Wunsch des Künstlers nach Wandel und Anpassung an das jeweils Zeitgemäße, mit dem für ihn gleichermaßen wichtigen Aspekt der Partizipation bzw. Kollektivität. Gonzales-Torres' Interesse an einer Beteiligung des Publikums bzw. anderer Individuen, geht über Kontaktaufnahme hinaus. Immer wieder findet er Wege um die Betrachter*innen ganz unmissverständlich zu Nutzer*innen seiner Werke zu machen. Dieser Nutzung spricht er darüber hinaus eine für die Werke unerlässliche Funktion zu. So ist »Untitled« (Placebo – Landscape – for Roni) nur dann vollständig, wenn das Werk durch die Aktivtäten der Nutzer*innen physisch schwindet. Dieses Verschwinden geschieht durch einen Akt des Verzehrens, des buchstäblichen Konsumierens. Der Akt des Essens, der Einverleibung und der nachfolgenden Transformation ist ein das Werk konstituierendes und vollendendes Element. Es ist also ein Kunstwerk, das nicht nur verspeist werden kann, sondern verspeist werden muss, um sich gemäß dem Verständnis seines Urhebers zu vervollständigen. Vollendung und Verschwinden werden in dem Vorgang des Essens verknüpft. Und zugleich verbindet der Künstler hierdurch die künstlerische mit der außerkünstlerischen Ebene. Die Bonbons, die Gonzales-Torres in der Tradition des Readymade nutzt, werden – und das ist ein Unterschied zu Duchamp – nicht ihrer eigentlichen Bestimmung, nämlich dem Verzehr, beraubt. Sie dürfen und sollen als Kunstwerk weiterhin verspeist werden und bleiben also nicht nur in ihrer Physis Bonbons und also Lebensmittel, sondern auch in der Art ihrer Nutzung.

1 Die Schreibweise des Namens ohne diakritische Zeichen, insbesondere im nichtspanischsprachigen Kontext, entspricht der Handhabung des Künstlers und der ihn vertretenden Stiftung. **2** Bzgl. biografischer Bezüge der »candy works« vgl. z. B. Josch Takano Chambers-Letson, »Contracting Justice – the viral strategy of Felix Gonzalez-Torres«, in: Criticism 41 (2009), Nr. 4, S. 559–587; vgl. ebenso Sophie Junge, »Kunst essen«. Aspekte der Einverleibung und Intensivierung, in: kunstexte.de 3 (2009), S. 1–6. **3** Vgl. Will Gompertz, Was gibt's zu sehen?, übers. von Sofia Blind, Köln 2013, S. 20. **4** Die Schreibweise des Titels ist in dem das Werk begleitenden Zertifikat explizit festgelegt. **5** Originalzitat: »... a new landscape, a possible horizon, a place of rest and absolute beauty«, Felix Gonzalez-Torres, zit. nach Felix Gonzalez-Torres, 1990: L.A., »The Gold Field«, in: Earths Grow Thick: Roni Horn, Ausst.-Kat. Wexner Center for the Arts, Ohio State University, Columbus, Ohio, 1996, S. 68. **6** Zertifikat und »Guidelines for Manifestation« für das Werk »Untitled« (Placebo – Landscape – for Roni) liegen den Staatlichen Kunstsammlungen Dresden vor und wurden von der Autorin eingesehen.

Dorothée Brill ist die Leiterin der Schenkung Sammlung Hoffmann,
Staatliche Kunstsammlungen Dresden.

Einblicke

Buchtipp

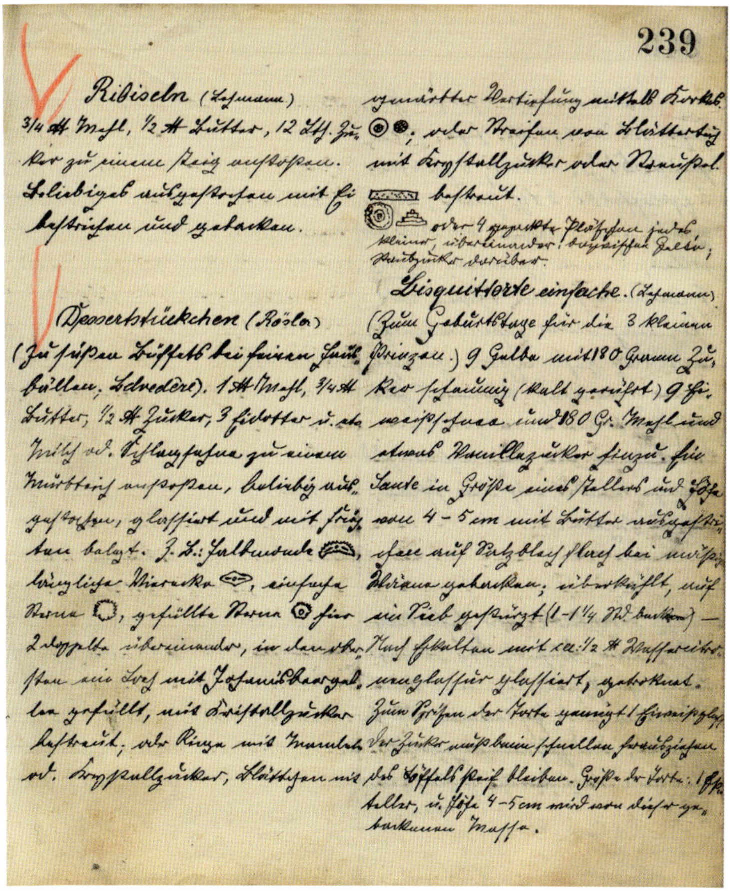
239

Ribiseln (Lehmann)

Dessertstückchen (Rösler)

Bisquittorte einfache. (Lehmann)

Auszug aus der von Pötzsch verfassten Handschrift mit dem Rezept zur Bisquittorte · Sächsische Landesbibliothek – Staats- und Universitätsbibliothek, Mscr.Dresd.App.2795, S. 239

Einmal tafeln wie die Könige …

Ernst Max Pötzsch, Vollständige Herrschaftsküche des Kronprinzen von Sachsen, hg. von Josef Matzerath, Ostfildern 2013

Zu sehen in der Kunstbibliothek

Was darf es heute sein? Topinambours à la Cracovienne mit Liebesgrübchen-Kartoffeln? Und danach ein Tutti-Frutti-Eis? Beim sächsischen Kronprinzen Friedrich August kamen diese Leckereien bereits Ende des 19. Jahrhunderts auf den Tisch, auch wenn er wohl zum zweiten Frühstück lieber Gewöhnlicheres wie Schnitzel und Kotelett, gekochten Schinken und »gute Leberwurst« bevorzugte. So vermerkte es jedenfalls der Koch Ernst Max Pötzsch in seinem Buch »Vollständige Herrschaftsküche des Kronprinzen von Sachsen«, das keines der offiziellen Kochbücher ist, wie sie bereits seit dem frühen 17. Jahrhundert für Sachsen vorliegen, sondern eine private Rezeptsammlung, die Pötzsch während seines Volontariats vom 1. Juli 1898 bis zum 30. April 1899 in der Küche des Prinzen Friedrich August, des späteren letzten sächsischen Königs, handschriftlich verfasste.

Die 388 Seiten umfassende Koch- und Backanweisung gelangte 2006 als private Schenkung in den Bestand der Sächsischen Landesbibliothek – Staats- und Universitätsbibliothek (SLUB) und somit alsbald in den Fokus von Josef Matzerath, Historiker an der Technischen Universität Dresden und Mitinitiator des Deutschen Archivs der Kulinarik an der SLUB. Sein Vorhaben, diese Handschrift zu transkribieren und zu veröffentlichen, gestaltete sich anders, als zunächst gedacht. Eine Herausforderung war unter anderem Pötzschs dialektal gefärbter Sprachgebrauch. Geboren und aufgewachsen in Sachsen notierte er beispielsweise »Dylle« statt »Tülle« oder »Pollenda« statt »Polenta«. Auch galt es, im Arbeitsalltag eilig ergänzte Wortkürzel des Autors zu entziffern oder die in Verweisen aufgezählten zeitgenössischen Kochbücher zu ermitteln. Erweitert durch ein Glossar, welches zeitgemäße kulinarische Fachbegriffe auflöst, ist Matzeraths Publikation viel mehr als nur ein schnöder Abdruck der Rezepte und Kochanweisungen.

Inhaltlich liegt eine Art Tagebuch des Ess- und Kochverhaltens am sächsischen Hofe vor. Denn die Handschrift gibt Auskunft zu den Sitten bei Tisch, zu den Gepflogenheiten und Arbeitsweisen in der Prinzenküche und belegt gleichfalls das hohe Niveau, das durchaus dem Vergleich mit der europäischen Haute Cuisine der Zeit standhalten konnte. Beschränkten sich bisher die Informationen zur Küche im sächsischen Königshaus vornehmlich auf Menükarten, stammen diese Rezepte direkt aus der Hofküche, inklusive praktischer Details und zusätzlicher Tipps, welche Lebensmittel je nach Jahreszeit zu bevorzugen sind und welche Lieferanten sich weltweit dafür eignen. Und es verrät die Vorlieben von Prinz und Prinzessin: Friedrich August mochte es lieber, wenn die Zutaten für Jambon à la Pill-Will, also Schinkenscheiben mit Gänseleber in getrüffeltem Aspik, separat serviert wurden und nicht geschichtet, wie sonst üblich. »Frau Prinzess«, weiß Pötzsch zu berichten, aß das süße Gebäck »Collatschen« besonders gern mit Pflaumenmus.

Ernst Max Pötzsch, Vollständige Herrschaftsküche des Kronprinzen von Sachsen, hg. von Josef Matzerath, Ostfildern 2013, 196 S., ISBN 978-3-7995-0512-3 · Kunstbibliothek, Sign. C 300 Tisch 2013 Pötzs

Wer also mehr erfahren möchte über die Zubereitung von herrschaftlichem Mundwasser oder einem Jagdfrühstück, wer wissen will, was Gebröde oder Leuteessen ist oder wie die Biskuittorte »zum Geburtstag der drei kleinen Prinzen« aussah, der kann dieses Buch in der Kunstbibliothek einsehen. Wobei es sozusagen »nur« das Amuse-Gueule der Erforschung des sächsischen Geschmacks ist, denn eine Vielzahl an historischen Kochbüchern und Literatur zur sächsischen Kulinarik und Esskultur im Bestand der Kunstbibliothek machen Appetit auf mehr (Lektüre). **Stefanie Herzog**

Jan Luyken
Sophia mit der Lilie (Titel von Böhmes »Aurora«) · 1686 · Kupferstich · 200 × 160 mm (Plattenmaß) · Görlitzer Sammlungen für Geschichte und Kultur / Oberlausitzische Bibliothek der Wissenschaften, Sign. 6.40.12

Lilienzeit
Der mystische Philosoph Jacob Böhme und die Erneuerung der Welt

Ausstellung des Grünen Gewölbes in Kooperation mit dem Schlesischen Museum zu Görlitz und den Görlitzer Sammlungen für Geschichte und Kultur
Görlitz, Schlesisches Museum
31. August 2024 – 2. Februar 2025

Jacob Böhme (1575 –1624) gilt als einer der einflussreichsten deutschen Denker, der die Literatur, Philosophie, Religion und Kunst über Jahrhunderte hinweg nachhaltig geprägt hat. Als Schuhmacher in Görlitz erlebte er die Krisenstimmung am Vorabend des Dreißigjährigen Krieges und begann, über die Erneuerung der Welt nachzudenken. Trotz eines Schreibverbots ließ er sich nicht davon abbringen, an einer universellen Theorie

Blick in die Ausstellung »Lilienzeit« · 2024

zu arbeiten, um Religion und Wissenschaften miteinander in Einklang zu bringen. Lange zirkulierten seine Texte nur als Abschriften, erst nach seinem Tod erschienen sie in Amsterdam auch in gedruckter Form.

Das Titelkupfer der niederländischen Ausgabe von Böhmes Erstlingswerk »Aurora« aus dem Jahr 1686 bringt eine zentrale Idee Böhmes zum Ausdruck. Es zeigt die göttliche Weisheit Sophia – die Wurzel oder Mutter der Philosophie, Astrologie und Theologie, wie auf dem Schriftband zu lesen ist. Böhme sah in Sophia das weibliche Element des Göttlichen. Sie hat auf der Weltkugel Platz genommen und hält eine Tafel, auf der sie einen Kreis zeichnet, ein Symbol für Ewigkeit. Zu ihren Füßen sprießt eine Lilie, die Böhme als Zeichen der Hoffnung auf ein neues Zeitalter verstand. Ein weiterer Lilienzweig lehnt an ihrer rechten Schulter, während unter ihrem linken Arm eine Rute klemmt. Böhme glaubte fest an eine Erneuerung der Welt – den Beginn der »Lilienzeit« – und forderte die Menschen auf, ihren Teil dazu beizutragen.

400 Jahre nach seinem Tod ist Jacob Böhme heute wieder überraschend aktuell. Er betont die Würde aller Völker und Religionen, plädiert für einen respektvollen Umgang mit der Natur und wendet sich mit deutlichen Worten gegen den Krieg. Die Ausstellung widmet sich der Gedankenwelt Böhmes, aber auch dem Nachleben seiner Ideen sowie der wechselvollen Geschichte seiner Manuskripte, die während des Zweiten Weltkriegs von den Nationalsozialisten beschlagnahmt wurden und sich heute zu großen Teilen in Polen befinden. Medienstationen laden ein, sich mit dem Leben und Werk Böhmes vertraut zu machen. Die Görlitzer Schau reiht sich ein in die Ausstellungsserie der Staatlichen Kunstsammlungen Dresden, die 2017 mit der Ausstellung »Alles in allem« in der Dresdener Schlosskapelle ihren Anfang nahm und 2019 mit weiteren Stationen in Coventry und Amsterdam sowie 2022 in Breslau (Wrocław) fortgesetzt wurde. Mittelfristig soll in Görlitz eine Dauerausstellung zu Jacob Böhme eingerichtet werden. **Claudia Brink**

Chronos-Pendule
Jean-Pierre Latz (signiert durch Latz, beginnend mit den Worten »Fait à Paris …«) · Paris, 1739 · Holz, Schildpatt, Messing · 103 × 60 × 32 cm · Kunstgewerbemuseum, Inv.-Nrn. 37616-1

Fait à Paris
Die Kunstmöbel des Jean-Pierre Latz am Dresdner Hof

Ausstellung des Kunstgewerbemuseums
Residenzschloss, Paraderäume
19. Oktober 2024 – 2. Februar 2025

»Fait à Paris« – gemacht in Paris. So beginnt der Kunsttischler Jean-Pierre Latz (1691–1754) sein Signatur-Etikett, das im hohen Sockel einer prachtvollen Pendule angebracht ist. Es zeigt die Führungsrolle, die Paris im 18. Jahrhundert für die Herstellung von außergewöhnlichen Möbeln einnahm. Latz war einer der Ebenisten, die zu diesem Status beitrugen. Seine Kreationen zeichnen sich durch eine stark plastische Durchbildung aus, wobei die Oberflächen durch das virtuose Zusammenspiel aufwendiger Marketerien und äußerst detailreicher Messingbeschläge geprägt sind. Möbel dieser Qualität waren gesuchte Luxusgüter, die Adelige in ganz Europa durch ihre Agenten für die Ausstattung ihrer Appartements ankaufen ließen.

Detail der farbigen Marketerie eines Uhren-Sockels
Jean-Pierre Latz (signiert durch Latz) · Paris, 1739 · Holz, Schildpatt, Messing · 174 × 77,5 × 45 cm · Kunstgewerbemuseum, Inv.-Nr. 37616-2

Angelockt wurden jedoch nicht nur reiche Kunden. Die Vororte waren Gebiete, in denen die Regularien der Zünfte außer Kraft gesetzt waren. Dies ermöglichte es Handwerkern, freier und ohne Meistertitel zu arbeiten. Davon angezogen siedelten sich vor allem viele deutschsprachige Möbeltischler an, insbesondere im nahe der Bastille gelegenen Faubourg Saint-Antoine. Der im Kurfürstentum Köln geborene Latz kam 1719 nach Paris und wurde 1736 nach seiner Naturalisierung – seiner Anerkennung als Franzose – schließlich zu einem der wichtigsten Kunsttischler der Epoche von Louis XV.

Bemerkenswert ist, dass sich die Möbel aus der Produktion von Latz' Werkstatt heute kurioserweise fast ausschließlich außerhalb Frankreichs finden. In Dresden hat sich das weltweit größte Konvolut seiner Arbeiten erhalten. Latz hatte mehrmals kostbare Uhren an den Grafen Brühl für die Ausstattung von dessen Dresdener Palais geliefert. Nach dem Tod Brühls wurden sie für das Residenzschloss angekauft, wo sie bis zum Zweiten Weltkrieg verblieben. Während des Krieges ausgelagert, überstanden die Stücke das Bombardement Dresdens im Februar 1945 weitgehend unbeschadet. Seitdem waren sie kaum ausgestellt. Zu sehr hatten die schlechten Lagerungsbedingungen an ihnen gezehrt. Nun, nach mehr als 80 Jahren und einem umfangreichen Restaurierungsprojekt, das von der Ernst von Siemens Kunststiftung, der Schoof'schen Stiftung sowie der Rudolf-August Oetker-Stiftung gefördert wurde, kehren die Stücke in die Öffentlichkeit zurück und werden als Interventionen in den aufwendig rekonstruierten Paraderäumen gezeigt. Im Zentrum der Ausstellung »Fait à Paris« steht sowohl Jean-Pierre Latz als auch der überlieferte Dresdener Bestand, der in seinem Umfang, seiner Zusammensetzung, seiner Dokumentation und der hohen Authentizität weltweit einzigartig ist. Spektakuläre Leihgaben aus den Potsdamer Schlössern sowie dem Palazzo del Quirinale in Rom ergänzen die Präsentation. **Christiane Ernek-van der Goes**

Moderne Frauen / Women's Art Rising
Künstlerinnen des Fin de Siècle

Ausstellung des Albertinum
Albertinum, 2. Obergeschoss
12. November 2024 – 9. März 2025

Ein Traum von einer Jugendstil-Küche, um 1900 der letzte Schrei: Geschwungene Linienformen und verspielte Motive, von Kohlenschütte und Kochlöffel bis hin zu Kreuzspinnenleuchte und Multifunktionsbuffet bestimmen das hochdekorative Design des stilisierten Interieurs, das der lebhaften Fantasie einer fast vergessenen Künstlerin (= der modisch gekleideten und frisierten Köchin?) entsprungen ist.

Mathilde Ade (1877–1953) war bereits in jungen Jahren für die »Meggendorfer-Blätter« erfolgreich tätig und schuf für diese Münchener Humorzeitschrift (zeitweise mit Niederlassung in Wien), für die unter anderem auch Oskar Zwintscher arbeitete, zwischen 1895 und 1920 über 600 Illus-

Mathilde Ade
Eine moderne Küche, in: Meggendorfer's Humoristische Blätter 50 (1902), Heft 607, S. 80

trationen. Von der Kritik wurde sie früh wahrgenommen – im höheren Alter allerdings nicht mehr beachtet.

Stilistisch und auch thematisch ging Ade oft auf Art Nouveau und symbolistische Tendenzen in der Kunst ihrer Zeit ein. Mit origineller Ironie persiflierte sie die charakteristischen Ausdrucksformen, insbesondere der Wiener Secession. In ihren oft minuziös aufgefassten, flächenbetonten, mitunter starkfarbig kolorierten Kompositionen bediente sie sich ebenso der Errungenschaften des japanischen Farbholzschnitts.

Neben einer Vielzahl an einfallsreich und liebevoll gestalteten Exlibris-Zeichen entwickelte Mathilde Ade zudem einzelne eigenständige Publikationen, darunter das 1902 veröffentlichte »Überkinder-Bilderbuch« – in kecker Bezugnahme auf den grassierenden Nietzsche-Kult des Fin de Siècle. Mit kluger Gewitztheit wusste sie das Publikum für sich einzunehmen.

»Eine auffallende und vielleicht die persönlichste moderne deutsche Malerin ist Mathilde Ade. Von den Jungmodernen ist sie gewiss die bestgelaunte Zeichnerin«, konstatierte 1902 der Wiener Kunstkritiker und Szenekenner Arthur Roessler und fuhr bewundernd fort: »Wenn Mathilde Ade ihre künstlerische Faschingslaune überkommt, zeichnet ihr Stift derart verschnörkelte Linien, wie sie selbst Jan Toorop in seinen mystischen Stunden nicht aufs Papier brachte.«

Sie zählt zu den wichtigen Wieder- bzw. Neuentdeckungen unter den weiblichen künstlerischen Positionen um 1900 (Malerei, Skulptur und Grafik im Zeichen von Jugendstil und Symbolismus), die nun im Albertinum zu sehen sind. Die Werke stammen zum größeren Teil aus den Beständen des Museums und des Kupferstich-Kabinetts, mit weiteren Leihgaben der Kunstbibliothek, der Jack Daulton Collection sowie aus Privatbesitz. In ihrer Kombination mit Bildern männlicher Künstler auf Augenhöhe entwickelt sich eine auch kulturhistorisch spannende Präsentation, mit Arbeiten unter anderem von Marianne Fiedler, Julie Genthe, Marie Gey-Heinze, Otto Greiner, Max Klinger, Hildegard von Mach, Emilie Mediz-Pelikan, Paula Modersohn-Becker, Cornelia Paczka-Wagner, Lilli Wislicenus-Finzelberg und Julie Wolfthorn. **Andreas Dehmer**

Mathilde Ade · 1902

Publikationshinweis

Moderne Frauen. Künstlerinnen des Fin de Siècle im Albertinum, hg. von den Staatlichen Kunstsammlungen Dresden, Andreas Dehmer, Dresden 2024, 80 S., ISBN 978-3-95498-841-9

Jakob Hoffmann
Bildnis des Thomas Schweicker · Schwäbisch Hall, 1595 · Öl auf Leinwand · 36,5 × 30,5 cm · Olbricht Collection

Bewundert, gesammelt, ausgestellt
Behinderung in der Kunst des Barock und der Gegenwart

Ausstellung des Grünen Gewölbes
Residenzschloss, Sponsel-Raum
31. Oktober 2024 – 3. März 2025

Das Bildnis des Thomas Schweicker gehörte einst zum Kernbestand der Dresdener Kunstkammer und lässt sich seit 1603 als Erwerbung des Kurfürsten Christian II. nachweisen. Es zeugt von dem Ruhm des ohne Arme geborenen Mannes, der sich überregional einen Namen als Fußkünstler und Kalligraph erarbeitet hatte. Schweicker genoss in seiner Heimatstadt Schwäbisch Hall ein so hohes Ansehen, dass er als einziger Bürger der Stadt im Chor der Michaeliskirche bestattet wurde. Das Gemälde von der Hand Jakob Hoffmanns aus dem Jahr 1595 war zusammen mit einer Schriftprobe Schweickers im zweiten Raum der Dresdener Kunstkammer neben Porträts der kurfürstlichen Familie und befreundeter Herrscher ausgestellt. Mit der Auflösung der Sammlung im Jahr 1832 wurde das Gemälde zuerst in die königliche Gemäldegalerie überführt und schließlich versteigert. Für die Sonderschau kehrt das Werk vorübergehend nach Dresden zurück. Es ist eines der Leitobjekte einer Kabinettausstellung, die sich mit dem Thema Behinderung in der höfischen Kunst auseinandersetzt. Ausgehend von dem Interesse frühneuzeitlicher Sammler*innen an der Natur, am Menschen und somit auch an allem Seltenen, Wundersamen und Ungewöhnlichen werden verschiedene Zeugnisse von Menschen mit Behinderung des 16. bis 18. Jahrhunderts vorgestellt. Die Präsenz sogenannter Hofzwerg*innen an nahezu allen europäischen Höfen verdeutlicht die Ambivalenz zwischen privilegierter Stellung, Ansehen und Diskriminierung. Auch die Themen der erworbenen Behinderung – etwa als Folge von Kriegen – oder die Erfindung prothetischer Hilfsmittel werden im Spiegel der Zeit reflektiert. Welche Mechanismen sich im Umgang mit Behinderung in der Vormoderne etabliert haben und wie diese bis in die Gegenwart hineinwirken, beleuchten nicht nur die historischen Kunstwerke. Vier zeitgenössische Künstler*innen erweitern die Ausstellung sowohl auf kuratorischer als auch auf künstlerischer Ebene um zusätzliche Perspektiven. In ihren Arbeiten spiegeln sich die Themen Behinderung und Inklusion im Spannungsfeld von Geschichte und Gegenwart. **Dirk Weber**

Forschungsprojekt Goldschmiedekunst im Grünen Gewölbe

Sie sind vor allem im Silbervergoldeten Zimmer, im Weißsilberzimmer und im Pretiosensaal des Historischen Grünen Gewölbes zu bestaunen, setzen aber auch im Neuen Grünen Gewölbe glanzvolle Akzente: die von den sächsischen Kurfürsten über Jahrhunderte zusammengetragenen Goldschmiedearbeiten. Während an anderen Höfen Bestände dieser Art oft in beträchtlichem Maße von Einschmelzungen betroffen waren, haben sie sich hier trotz derartiger Dezimierungen in einem vergleichsweise großen Umfang erhalten.

Dieser qualitativ wie auch quantitativ hochrangigen Sammlung widmete sich ein Forschungsprojekt, das nach zehn Jahren nun seinen Abschluss gefunden hat. Es liegt ein typologisch geordneter Bestandskatalog vor, in dem alle 348 Werke in drei Bänden vorgestellt werden.

Willkomm in Gestalt einer Eule
Wohl süddeutsch (Ulm?), um 1540 · Silber, Email, Hinterglasmalerei · Höhe 45 cm · Grünes Gewölbe, Inv.-Nr. IV 302

Band 1 beleuchtet in insgesamt fünf Essays verschiedene Aspekte der Goldschmiedekunst im Grünen Gewölbe. Auf einen Überblick über die Geschichte der Sammlung folgt ein Beitrag zu den Gefäßen mit Konchylien, besitzt die Dresdener Schatzkammer doch die umfangreichsten Bestände dieser Art. Nachgespürt wird zudem der Frage nach der Gebrauchsfunktion exklusiver Trinkgefäße sowie den technologischen Besonderheiten von Goldschmiedemontierungen, ergänzt durch einen Beitrag zur digitalen Markenfotografie. Darüber hinaus wartet der Band mit Kurzbiografien all jener Goldschmiede auf, die im Grünen Gewölbe mit Arbeiten vertreten sind. Auf die Dresdener Meister, von denen sich hier 79 Werke erhalten haben, wird ausführlicher eingegangen, da bislang unpubliziertes Quellenmaterial zur Verfügung stand.

Der eigentliche Katalog beginnt in Band 2 mit den Trinkgeschirren, der größten Bestandsgruppe, die sich durch eine enorme Formen- und Materialvielfalt auszeichnet. Ein Schwerpunkt liegt auf Werken mit außereuropäischen Naturalien – Nautilusgehäusen und Turbanschnecken, Korallen, Kokosnüssen, Straußeneiern und Rhinozeroshorn – die meisten davon waren ursprünglich Teil der Dresdener Kunstkammer. Weitere Gefäße, viele davon mit Serpentin, Nephrit und anderen Mineralen, aber auch Uhren sowie Silberstatuetten und -reliefs folgen in Band 3. Die Katalogeinträge umfassen neben Zuschreibung und Datierung auch Informationen zu Vergleichsstücken und Vorlagen sowie zu Provenienz und Funktion am Dresdener Hof. Die ausgezeichnete Aktenlage erlaubt es nicht selten, die Geschichte einzelner Kunstwerke bis zu ihrem Erwerb oder sogar bis zu ihrer Entstehung nachzuvollziehen. Viel Wert gelegt wurde auf aussagekräftige Abbildungen der Goldschmiedemarken, die zusätzlich in einem Register erfasst sind.

Die der Publikation zugrundeliegenden Forschungen wurden ermöglicht durch Zuwendungen der Freunde des Grünen Gewölbes e.V., der Fritz Thyssen-Stiftung, der Rudolf-August Oetker-Stiftung sowie privater Geldgeber. Die Ernst von Siemens Kunststiftung förderte neben der Silver Society sowie zahlreichen privaten Sponsoren maßgeblich die Finanzierung der Drucklegung. Die aufwendig produzierte Publikation soll für die Arbeit im Museum, im Kunsthandel, aber auch für Sammler*innen als Standardwerk dienen. **Ulrike Weinhold, Theresa Witting**

Goldschmiedekunst im Grünen Gewölbe. Die Werke des 16. bis 19. Jahrhunderts, Bestandskatalog, hg. von den Staatlichen Kunstsammlungen Dresden, Ulrike Weinhold, Theresa Witting, Dresden 2024, 3 Bände, ISBN 978-3-95498-825-9

Drei Fragen an Holger Jacob-Friesen

Direktor der Gemäldegalerie Alte Meister
und der Skulpturensammlung bis 1800,
Staatliche Kunstsammlungen Dresden

Womit beschäftigen Sie sich in den SKD?
Mein Hauptaugenmerk gilt der außerordentlich reichen und faszinierend vielfältigen Dresdener Altmeister-Sammlung. Die ältesten Skulpturen sind vor rund drei Jahrtausenden entstanden, die jüngsten Gemälde vor gut 200 Jahren. Viele sind ständig in der Sempergalerie ausgestellt, andere werden im Depot verwahrt. Wichtig scheint mir, dem tieferen Gehalt und Geheimnis der berühmten, viel bewunderten Werke nachzugehen sowie unser Publikum zu eingehender Auseinandersetzung mit der Kunst anzuregen. Auch Raffaels Sixtinische Madonna, um nur ein Beispiel zu nehmen, will immer wieder aufs Neue verstanden werden. Ebenso bedeutsam und reizvoll ist es, den weniger bekannten, vielleicht unterschätzten Werken zu einem besonderen Auftritt zu verhelfen, so etwa den formschönen und kunstvoll bemalten Gefäßen der griechischen Antike. Das ist der Hintergrund der aktuellen Ausstellung mit dem Titel »Das Wunderbare in der Kunst und Art der Alten«. So ist die vorrangige Aufgabe, die sich meinem Team und mir stellt, die Sammlung ins rechte Licht zu rücken – sei es durch Ausstellung, persönliche Vermittlung oder Publikation in verschiedenen Medien.

Gerne greife ich dabei die Impulse meiner Mitarbeiterinnen und Mitarbeiter auf, die aus oft jahrelanger wissenschaftlicher Forschung resultieren. Hier möchte ich die beiden kommenden Ausstellungen erwähnen: